Querida Yo

COLOMA FERNÁNDEZ ARMERO

QUERIDA YO

PLAZA & JANÉS EDITORES, S.A.

Primera edición: febrero, 2000

Printed in Spain – Impreso en España

ISBN: 84-01-32807-1
Depósito legal: B. 4.428 - 2000

Fotocomposición: Víctor Igual, S. L.

Impreso en Limpergraf
Mogoda, 29. Barberà del Vallès (Barcelona)

L 3 2 8 0 7 1

A la calle Conde Xiquena

Ayer mi novio Román me cogió el diario y me lo leyó. Me enfadé muchísimo. Coloma, no des el tuyo que lo van a leer todos y te vas a poner a llorar.

María,
mi sobrina de nueve años

No poder ser como tú es una cosa que lamento.

Marguerite Duras

INTRODUCCIÓN

Queridos extraños:

Llevaba tres meses en Nueva York cuando escribí el primer capítulo de este diario, estaba sentada en el *Sea Port* de Manhattan comiendo comida japonesa dentro de una cajita de plástico transparente y una psicóloga me acababa de recetar la escritura como terapia.

Durante casi cien días me dediqué a dormir y a leer libros de Paul Auster donde los protagonistas, incapaces de resolver sus conflictos, reducen su vida a cero como única salida. Había dejado una casa llena de muebles y un llavero lleno de llaves para irme al otro lado del mundo a dormir. Huía de mí misma. No quería amigos, ni familia, ni trabajo, ni pareja, ni pasado, ni compromisos. No conseguí resolver ni uno solo de mis conflictos pero me fabriqué otra personalidad. Fue un paréntesis apasionante, una droga que enseña un trocito del paraíso.

Al tiempo que iba avanzando el diario se fue transformando y se hizo más sutil en cada capítulo, algo vivo que no he podido ni he querido controlar. Para no distorsionar este viaje submarino en el que dependiendo de la profundidad de la inmersión se van encontrando especies psicológicas más complejas, he respetado el orden real meticulosamente.

El esquema de escritura: titular - cuerpo de texto - y eslogan o conclusión final es una estructura heredada de los once años que he pasado redactando textos de publicidad. Sin una continuidad regular he ido anotando, más que los acontecimientos importantes, el impacto que me causaban. Siguiendo un calendario de sensaciones más que de días.

Llevaría unos veinte capítulos cuando los di a leer por primera vez. Las reacciones de mis amigos me sorprendieron: ¿cómo experiencias tan de uno pueden al tiempo ser tan de otros? A los demás les gustaba tanto leerlo como a mí escribirlo.

Desde la primera frase que anoté, sin saber que llegaría a publicarse, sentí la necesidad de exhibir mis cosas delante de extraños.

Despedazarme para volverme a montar de nuevo. Morirme y enterrarme muy lejos de mi casa. En tu jardín.

Ahora tengo vértigo porque estas páginas en las manos de otros me hacen vulnerable. Pero acepto el riesgo porque me han transformado. He apagado el incendio que tenía en la cabeza. He dejado de distorsionar la realidad, de ser Alicia en un país de demonios inventados. El diario me ha curado. Un poco.

Por todo esto, gracias, queridos extraños.

COLOMA FERNÁNDEZ ARMERO

NUEVA YORK

Invierno

Pensaba que nunca besaría a un hombre con pantalón de peto

Pensaba que nunca besaría a un hombre con pantalón de peto. Y pensaba que nunca besaría a un hombre con sandalias. Esto debe de ser hacerse mayor. Yo me estoy haciendo mayor muy tarde, cuando los de mi edad hace años que lo son. Aunque soy una persona muy puntual, casi siempre llego tarde a las cosas importantes: mi primera regla (diecisiete años), mi primer beso (diecinueve años). Ahora tengo treinta y tres y estoy en Nueva York estudiando otra vez. Hace un año que he puesto mi vida patas arriba. Lo he dejado todo. He sacado de mi armario la ropa de invierno y la de verano y me he fabricado otra persona.

A ella le encanta salir por la noche. Bebe whisky solo. No tiene casa fija. Y ha besado a un hombre con pantalón de peto y sandalias.

Ella soy yo, aunque no se parece nada a mí.

El futón

Cuando vivía en Madrid trabajaba escribiendo anuncios y eso me daba mucho dinero, por eso me compré un futón, que allí es el colchón de los ricos. En Nueva York todavía no tengo trabajo y me he vuelto a comprar un futón porque aquí es el colchón de los pobres.

Cuando entre Amor N.º 7 y yo la relación se complicaba más de la cuenta, tenía que consultar con mis amigos si enfadarme o no.

Desde pequeña no consigo saber cuándo es el momento de enfadarse. Aún hoy no sé cuándo hacerlo, la mayoría de las cosas me parecen relativas, tanto como un futón.

First Avenue

Me, myself and I. Suena Billy Holliday. Llevo tres días en mi apartamento de Manhattan. Tengo un estudio pequeñito y comparto el baño y la cocina con el estudio de al lado. No estoy acostumbrada a compartir la casa con extraños. Estoy atrincherada detrás de mi maleta. *Me, myself and I. Me* está extrañada de pensar todo lo que ha dejado atrás; *myself* está emocionada de la fuerza de esta ciudad que se sube al cerebro como un chili, y *I* se siente todavía en Madrid y no sé con cuánto retraso llegará a Nueva York.

Me, myself and I vivimos en First Avenue.

A cinco centímetros del suelo

Duermo trece o catorce horas todos los días. Rebusco tesoros en las tiendas de ropa de segunda mano. Miro libros. Miro discos. Miro carteleras de cine. Miro a la gente. No hago nada fuera de lo normal y me siento fuera de lo normal. Llevaba once años de madrugones, haciendo un trabajo que todos envidiaban y yo odiaba. Sin atreverme a dejar algo que todos envidian y yo odio. Me he comprado unas zapatillas con plataforma un poco feas. Pero me hacen andar muy rápido como a saltitos. Voy a cinco centímetros del suelo.

El planeta rojo

Nieva como nunca había visto. Llevo un día sin poder salir, ir al videoclub de la esquina se convierte en una expedición. Tengo un poco de gripe; mi vecina, que *se pasea en calcetines por mi apartamento,* ha empezado a hacer rápidos movimientos al enterarse de mis síntomas. Han sido fracciones de segundo en las que yo creía que se iba a acercar a tomarme la temperatura o a darme una palmadita de consuelo. Nada más lejos; se ha abalanzado a abrir la ventana. La semana que viene presenta varios bocetos de las telas que diseña y una gripe le vendría fatal. Acaba de venir a tomar un café una amiga suya, se saludan con un abrazo muy curioso. Juntando la parte superior del pecho durante un ratito. Su amiga no me conoce de nada y también me saluda así de cariñosa. Me voy a mi estudio con mi gripe sintiéndome una terrícola en el planeta rojo.

Manhattan desde la barra de una bicicleta

Acabo de llegar de una fiesta en un ático. Tan moderna y contenida que la palabra fiesta no encaja muy bien. La gente estaba muy tranquila, vestían ropa sin dibujos ni logotipos, escuchaban música sin melodía, hablaban despacio sin entonar demasiado y vivían en una casa sin muebles. Todo se movía en un registro muy pequeñito. He conocido a un chico tailandés que tiene una tienda de ropa de segunda mano donde se compra al peso. El tailandés rapado me ha llevado a casa en la barra de su bicicleta. Eran las cuatro de la mañana y Manhattan parecía un dragón dormido. Su aliento salía por las bocas de las alcantarillas. Los rascacielos descansaban y la gente andaba a cámara lenta. Cada manzana pasábamos por delante de una tienda de flores. El olor de las lilas se mezclaba con el frío de la noche y el último *single* de Lenny Kravitz ocupaba por entero la tercera avenida.

212 683456. Intercambio de teléfonos. Aunque no hace falta, no sé qué tiene esta ciudad que me encuentro a la gen-

te que quiero encontrarme. Doblaré cualquier esquina y me cruzaré con el tailandés rapado y me volverá a llevar a casa en la barra de su máquina voladora.

Donde tengo el armario tengo el corazón

He ido y venido varias veces, hasta este último viaje. He vivido en casas de amigos, en aparthoteles, en habitaciones alquiladas. Y ésta es la primera vez que me siento instalada. Me he dado cuenta al abrir el armario. He visto mi perfume, mis cajas para las sortijas y mi agenda, colocadas de la misma manera que en el armario de Madrid. Ésta es mi casa. Donde tengo el armario tengo el corazón.

Tragarse el dolor como un caramelo

Mi prima llevaba ocho años viviendo con su novio. La semana pasada conoció a un hombre. Hablaron toda la tarde. Él le retiró un mechón de pelo de la cara y mi prima se enamoró.

De Amor N.º 7 me enamoré al oírle pronunciar la «s» como una «z». Y de Amor N.º 3 por su manera de parpadear, como una fotocopiadora.

El amor y la vergüenza ajena son dos sensaciones que no acabo de entender. Ayer me encontré en la calle Catorce con una amiga de la universidad, la gordita francesa del pelo de planta. Me presentó a su madre muy educadamente. Un minuto después de las presentaciones la madre de la gordita tropezó y planeó sobre su estómago. Más que el golpe, lo que le dolió fue que una desconocida le viera sufrir.

Cuando era adolescente me pillé el dedo gordo delante de un chico muy guapo, y me tragué el dolor como quien se traga un caramelo.

Dios me libre de mí misma

Amor N.º 4 ha vuelto a escena después de doce años.
Ha venido a Nueva York para recordarme
lo guapas que le parecen las chicas de las películas
y lo que le gustan las novelas de Stendhal, donde las mujeres hacen todo lo contrario a lo que hago yo.
Ha vuelto separado y con una hija.
Ha vuelto a meterse en mi cama con las botas puestas y los cordones abrochados.
Dispuesto a salir en busca de algo mejor.
Ha vuelto a remover mi corazón con un tenedor y yo me he dejado.
Ha vuelto para recordarme que mi peor enemigo soy yo.

Domando delfines

Este año trato de hacer las cosas bien. De no meter el enchufe en el agujero equivocado.

Ayer cené en un restaurante vietnamita con un amigo. Hablamos de amor. De mi fijación por enamorarme de niños que entreno y dejo escapar cuando se hacen mayores. No más enchufes equivocados. No más *diezañosmenos*. No más delfines.

Mentiras japonesas

Amor N.º 8 es japonés, de Fukushima, y es elástico como un arco. Le agarro por la cintura y se pliega en mis manos. Está aprendiendo español con unas cintas y se pasea por la habitación repitiendo su frase favorita: «Hola, me llamo Paco, y trabajo como arquitecto en la calle Menéndez Valdés.»

Mis revistas se leen al revés que las suyas, hace ruido al comer sopa, tiene *diezañosmenos* que yo y nunca me dice la verdad. Irse a dar de comer al gato significa que quiere marcharse a su casa. Y tener que lavar la ropa quiere decir que está cansado y no quiere verme.

Estas y otras mentiras nos separan. Estas y otras mentiras nos tienen atados.

El batería imaginario

Estoy cansada de mi obsesión por fijarme en las diferencias entre hombres y mujeres. Pero no puedo evitarlo. Ayer en una reunión con un grupo de amigos escuchábamos música. Uno de ellos estaba entregadísimo tocando una batería imaginaria. No es nada raro, siempre hay algún chico así: baterías imaginarios, guitarristas e incluso cantantes. Nunca he visto a una mujer haciendo eso. Creo que a los hombres les cuesta disfrutar de las cosas, sin más. Siempre piensan que tienen algo que hacer. Aunque sea tocar una batería que no existe.

Regalos de cumpleaños

Hoy he caído en la cuenta de que llevo varios años fabricando listas de regalos que me encantaría que me hiciesen en mi cumpleaños:

Un albornoz de terciopelo con capucha.

Una licuadora.

Un vestido metido en una caja plana y rectangular como en las películas.

Un dibujo de Diego Lara.

Poca gente te regala lo que esperas, de la misma manera que hace muchos años que me parece que ningún hombre me quiere como yo quiero que me quieran.

Voy a dejar de hacer listas.

Un segundo

Cada vez que me separaba de Amor N.º 7 pasaba meses en lucha contra el teléfono. Me sentía igual que una yonqui que quiere dejar el caballo. Contaba los días que habían pasado desde la última llamada y me felicitaba por mi resistencia y fuerza de voluntad. Pero de repente, en un instante como otro cualquiera, saltaba la chispa, como alguien poseído en contra de su voluntad, descolgaba el aparato, marcaba su número, quedaba con él, y era drogadicta de nuevo.

Eso mismo me ha pasado hoy. Estoy más instalada que nunca; tengo un pequeño negocio de ropa de segunda mano y no estaba en mis planes volver ahora a España. Pero ha saltado la chispa. He descolgado el teléfono, me he reservado un billete, y le he dicho a *la chica que se pasea en calcetines por mi apartamento* que me voy. Ha sido uno de esos segundos que todo lo cambian. Se ha conectado un neón luminoso en mi cabeza con una palabra que se enciende y apaga intermitentemente: vuelve, vuelve, vuelve.

Y voy a volver.

MADRID - TARIFA - CÁDIZ

Primavera

Aeropuertos

Poé es una playa nudista. A veinte metros de Poé pasa un caminito, pero si sales desnudo al camino te ponen una multa. Santa Marta (Colombia) es una zona protegida por los paramilitares, pero el chiringuito de al lado ya pertenece a La Guajira y allí te pueden volar la cabeza.

Y entre todas estas fronteras, los aeropuertos son los países de nadie. En estos países la gente actúa de manera diferente: pasean en calcetines, duermen en cualquier postura delante de los demás y dejan que sus hijos jueguen con desconocidos.

Entré en el *duty-free* para comprar aceite de oliva de regalo y a la dependienta que me atendió le dio igual mi perfecto acento español, me explicó detalladamente que era un aceite muy bueno de una zona de España llamada Jaén.

En los aeropuertos todos somos de fuera. Por eso me gustan tanto.

Cazando mariposas con la mano

A Amor N.º 9 le quiero y no le quiero, y le quiero querer del todo como él me quiere a mí desde hace tiempo. Hoy ha decidido que vayamos de excursión «a unos riscos escarpados de difícil acceso». La frase no me gusta y se me clava como un arpón.

No le quiero.

Segundos después se enciende un cigarro como sólo él sabe hacer. Como una mujer con manos de hombre.

Le quiero.

Y así me paso el día, cazando mariposas con la mano. Coleccionando minutos de amor, a ver si juntándolos todos siento algo parecido a estar enamorada.

Estúpida

Tarifa

AMOR N.º 9: ¿Qué haces?

ELLA, QUE SOY YO: Respiro hondo para que se me llenen los pulmones de cosas bonitas.

N.º 9 *le cogió la palma de la mano y le dio un beso muy largo.*

Cádiz

AMOR N.º 9: ¿Qué miras?

ELLA, QUE SOY YO: Las banderas, me gustan las ciudades con banderas.

N.º 9 *le cogió por la espalda abrazándola muy fuerte.*

Madrid

AMOR N.º 9: ¿Qué piensas?

ELLA, QUE SOY YO: Que quiero separarme.

AMOR N.º 9: ¿Qué estás diciendo? ¿Por qué?

ELLA, QUE SOY YO: Porque no soporto cosas tuyas.

AMOR N.º 9: ¿Qué es lo que no soportas?

ELLA, QUE SOY YO: Que llames a los camareros por su nombre.

MADRID

Verano

Demostró que tenía dientes

Y me mordió.

«Está comprobado que los cebos matacucarachas actúan como un sistema de minas: cuanto más cebos se colocan más cucarachas mueren. Con Raid Controler las cucarachas entran, comen, y mueren en su nido.»

La noche de ayer fue fea, furiosa y con dientes.

Hoy tengo resaca y me he mareado leyendo las instrucciones del matacucarachas. En lo pequeño está lo grande. En Raid Controler está Hiroshima. Y en mis celos un asesino en serie.

Ayer los celos me lo quitaron todo. Me fui por el sumidero de la bañera.

El amor a medias de Amor N.º 9 tiene todo lo malo de las grandes pasiones y casi nada de lo bueno.

En mi furia le dije que toda su torpeza tiene una única explicación: ser de Murcia. No se me ocurrió nada mejor.

Ahora voy a ordenar los cajones de la ropa interior y a olvidarme de sus dientes.

Pensamientos que aprietan como zapatos pequeños

No entiendo las estadísticas. Si se sumaran los totales de todas las estadísticas referidas a los españoles darían un total aproximado de unos quinientos millones de habitantes. O es que hay personas que están en todas las estadísticas y otros no entramos en ninguna.

Tampoco entiendo cuando una amiga me repite continuamente que no aguanta a la gente. Me imagino que en ese momento *la gente* son todos menos ella y yo. Pero si habla con otra persona *la gente* también me incluye a mí.

La gente debe de ser todos los que salen en las estadísticas.

Cuando era pequeña el infinito para mí eran las bolsas de Simago. En las bolsas había dibujada una familia con bolsas de Simago que llevaba otra bolsa dibujada con otra familia con bolsas de Simago...

Estos pequeños pensamientos son tan incómodos como mis zapatos. Hace más de tres años que todos me aprietan.

El alma se me escapa por las costuras del vestido

Si me hubieran explicado que ser feliz está tan relacionado con la física, hubiera puesto más empeño en estudiar esta asignatura.

Voy a terapia desde hace casi treinta meses. Y no veo otra cosa que la teoría de los vasos comunicantes: si me atrevo a decir que no a un cliente de mi trabajo se mejora la relación con mis padres; y si le digo a mis amigos que hoy estoy demasiado cansada para escucharles, mañana será más fácil decirle que no a un cliente.

Además de hacer terapia hago yoga Iyengar. Las posturas tienen que ser perfectas y precisas. El dedo meñique del pie izquierdo levantado quiere decir que tienes presión en los gemelos porque has colocado mal la ingle, que a su vez ha empujado a la cadera. No hay manera de hacer trampas. No hay donde esconderse.

Hasta hace poco podía disimular el miedo y los kilos de más. Ya no puedo. Los michelines y la verdad se me escapan por las costuras del vestido.

Con las uñas de los pies pintadas de rojo

Las mismas y eternas discusiones con mi madre. Las paranoias de siempre por hablar más de la cuenta. La lucha contra el cruasán con mantequilla de todas las mañanas. La tripa hinchada. El horror a decir no. La misma cabeza con las mismas trampas. Y las ganas de cambiar.

Cualquier pequeño cambio es una victoria.

Me he pintado las uñas de los pies de rojo y parezco otra persona.

Cualquier cambio es una victoria.

Me he pintado las uñas de los pies de rojo y parezco otra persona.

Cualquier cambio es una victoria.

Flores para la diminuta

Hoy me han contado el secreto de la diminuta.

La diminuta es la secretaria del director general de la última agencia de publicidad donde trabajé. Esta mañana he pasado por allí. La diminuta, cada cierto tiempo, recibía un ramo de flores precioso. Lo ponía en su mesa y era tan grande que las hojas verdes que salían por los lados la tapaban. Si andabas en línea recta por el pasillo veías algo diminuto con cuerpo de mujer y cabeza de centro de flores. Nunca dijo quién se las mandaba, pero ponía cara de absoluta normalidad. Con lo que la leyenda del supuesto amor secreto quedaba más clara en cada envío. Hoy he preguntado por ella y sus flores. Ya no trabaja allí, pero me han contado que un indiscreto extracto de su tarjeta de crédito la delató. No había tal amante. Era ella misma quien se enviaba las flores. Al recordarla tan pequeñita y triste me ha dado pena por un instante. Aunque rápidamente la pena se ha transformado en fascinación. Ahora me la imagino como una espía rusa. Jugando con todos nosotros.

Desde aquí, flores para la diminuta.

Maldito ecooooooooooooooooooooo

Me subo a una montaña muy alta y grito: ¡Te quierooooooooooooooooooooooo! Espero un minuto, cinco horas, dos semanas y hasta ocho meses, el eco no responde. Me bajo de la montaña.

Me subo a una montaña muy alta y grito: ¡Ya no te quierooooooooooooooooooo! Espero un minuto, cinco horas y hasta dieciséis meses, el eco responde: ¡Te quierooooooooooooooooooooooo! Me bajo de la montaña.

La cosa

Como que después del día viene la noche. Cada veintiocho días llega a tu vida «*la cosa*».

La espero y seis o siete días antes cargo mi escopeta para estar en guardia y aun así siempre me la juega.

Me repito una y otra vez que este mes va a ser diferente. Pero el monstruo que muta más que un virus busca nuevas maneras de apoderarse de mí. *La cosa* se disfraza de novio infiel, vendedor ladrón, padres crueles o amigos traidores. Cada mes sorpresa. Veo los anuncios de compresas y me pongo de mal humor. Como si en la lucha contra el monstruo nuestra única preocupación fuera dar botes por una pradera sin que las alas se muevan de su sitio.

Cuando *la cosa* ataca apago los anuncios de compresas.

A la velocidad del odio

He bajado a tomar un café y como tantos domingos veo a parejas de chicos y chicas que se conocieron anoche y han dormido juntos. Ella quería que alguien la abrazara y él que una chica se fijara en él. Ayer consiguieron las dos cosas y hoy se encuentran peor, sin saber por qué. Él la mira muy fijamente. Casi seguro que la ve por primera vez porque anoche había poca luz. No le parece nada guapa. Ella intenta colocar encima de él la plantilla del chico de sus sueños que siempre lleva en su bolsito, y se da cuenta de que no encaja en ninguno de los ángulos. Da la impresión de que por separado son dos personas alegres pero juntos no funcionan, cada uno saca del otro la parte más fea y aburrida. He oído que él le ha preguntado dos veces: «Camila, ¿quieres otro café? Camila, ¿quieres otro café?» «Me llamo Candela, no Camila» ha contestado con voz temblorosa. Candela-Camila tiene cara de ponerse a llorar. El detalle de olvidar su nombre le parece lo peor que le podía pasar en este momento. Él se ha dado cuenta y también se deprime, las mujeres le han dicho siempre que no sabe tratarlas. Están arrepentidos, que es el sentimiento más ridículo cuando de lo que se trata es de divertirse un sábado por la noche. Se juran a sí mismos más paciencia y tiempo a la hora de elegir la próxima vez. Van a tachar de su agenda el bar donde se conocieron para no tener que esquivarse ni encontrarse nunca más. Se conocen de un solo día y es poco tiempo para quererse, pero sí pueden odiarse. El odio arde como la pólvora. Va mucho más rápido que el amor.

Con la mesa puesta

No tuve más remedio que dejar de escribir anuncios. Tener una idea cada día podía conmigo. Mi lucha con las ideas era continua. Si estaban dentro de mí, ¿por qué no salían rápido? A veces me hacían sufrir doce horas, veinticuatro o cuarenta y ocho.

Desde hace varios años quiero tener un hijo, y si pudiera ser también me encantaría que el niño tuviera padre. Pienso en los dos, ¿dónde estáis cuando no estáis? Si como las ideas vais a acabar llegando, no me hagáis esperar tanto. Venid ya de donde están las cosas que no están, la mesa está puesta.

Conversaciones de taxista

Conversaciones sin principio ni final. Una conversación de ocho horas fragmentada en quince o veinte pasajeros. A mí me toca un trocito e intento averiguar el resto. Yo escucho lo de las muelas del juicio que le van a sacar a la hija mayor. Y al siguiente pasajero le tocarán los problemas con Sanitas que no le quiere cubrir el total de la extracción. El que vendrá después escuchará la carta de reclamación que va a enviar al seguro, así hasta la última carrera. Sin holas ni adioses.

Mientras más años cumplo más pereza me da el comienzo y el final de las relaciones.

Me gustaría aplicar la técnica de los taxistas e ir directamente a lo bueno, al medio de las historias. Los comienzos me asustan y los finales me agotan.

Es tiempo de creer en las matemáticas

A veces 21 es más que 33. Nos separan 4.800 días. Lleva casi 3 semanas en mi vida. Tengo 20 amigos. Pero sólo pienso en 1. Se ha ido 5 días y he comprado 3 yogures. Según la fecha de caducidad antes de que se estropeen él habrá vuelto. Si un yogur aguanta, yo también. Hoy le he llamado 3 veces. 1 minuto cada vez. He estado echando cuentas. Las matemáticas me dan la razón. Pero he perdido.

Comida para serpientes

Prefiero el invierno al verano. Porque me gusta mucho más el verano, y cuando es verano está más cerca de que se acabe lo bueno que cuando es invierno.

Cuando las cosas van bien estoy contenta, pero aún lo estoy más cuando las cosas van mal y siento que están a punto de cambiar para bien.

Las buenas rachas son tan bonitas y peligrosas como las bolitas rojas que comen las serpientes. Están para avisarte que lo malo anda cerca.

Marny la ladrona

Marny es mi heroína: ladrona, frígida, borde. Y Sean Connery da la vida por ella. Vi la película hace un año, y me voy dando cuenta de cuánto me influyó. El efecto Marny ha creado escuela en mi vida. Me toca elegir: o ser la mujer más simpática y dispuesta del mundo o ser feliz. Y me quedo con Marny.

En la palabra «Siberia» hace mucho frío

Cuando fui a Colombia este verano mi amiga Patricia Nieto me contó su bonita historia de amor. Del otro lado del valle le llegaba un nombre: María Quiñones. Entre los dos nombres se enviaban saludos. Patricia Nieto te manda saludos. María Quiñones te manda saludos.

Los nombres se enamoraron antes de que lo hicieran las personas.

En la palabra «Siberia» hace incluso más frío que en Siberia.

Leí que una palabra puede herir el cerebro con la contundencia de una piedra. Y da miedo escuchar ya no te quiero.

Esquinas en el cielo

Voy en un coche hacia un festival de cine a presentar una película en la que he colaborado. Hablamos de la realización del tráiler, miro despistada por la ventana y un camión con la palabra tráiler escrita en gigante pasa delante de mí. Pienso en la palabra funeral, enciendo la tele y escucho la palabra funeral.

A la vuelta de la esquina de las cosas hay muchas más cosas. Señales que hay que descifrar. La realidad empieza desde lo que se va conociendo. Cuando viajas no entiendes los chistes de la televisión, ni los titulares de los periódicos, ni sabes quién es esa chica con un pecho tan enorme que está en todas partes. Nadie te pide entender, puedes interpretar todo como a ti te da la gana y ver el cielo como quieras. Ser extranjero es un poco como estar loco.

El laboratorio de mujeres

Anoche fui a un café con unos amigos. Cantaba una cantante muy pálida, muy guapa, sentada sobre un piano. Tenía una voz poderosísima que casi no nos dejaba sitio para respirar. En un momento de máxima potencia la cantante pálida y guapa se levanta del piano y oigo a un amigo rumorear: «¡Qué increíble...!» Culo, pensé yo al tiempo que mi amigo decía: «¡Qué increíble voz!» La cantante pálida y guapa tenía un considerable culo del que yo y otras muchas mujeres del café nos avergonzábamos y que ningún hombre vio. El culo sólo nos hablaba a nosotras. Sacaba a la luz tantos maravillosos momentos estropeados por un grano, unas piernas sin depilar o cualquier otra catástrofe de la naturaleza. Trocitos de mujer analizados en el laboratorio de otras mujeres.

El síndrome calle Francisco Silvela

Cuando viajo a ciudades que no conozco me entra el síndrome «calle Francisco Silvela». Para mí es la calle más fea de Madrid, y siempre tengo el temor de pasear felizmente por otra ciudad pensando que he llegado a lo bueno, mientras recorro de arriba abajo la calle Francisco Silvela de Praga o de Roma. El síndrome se extiende a las tiendas donde compro, los restaurantes que elijo para comer o al hotel donde decido quedarme.

Elegir tiene el riesgo de quedarte con Francisco Silvela y hasta hoy he tratado de esquivarlo.

¿Quién lucha por los peces de colores?

Las revistas están llenas de directores de cine que quieren pasar a la historia con sus películas, diseñadores que quieren revolucionar la moda, músicos que quieren cambiar el mundo con sus canciones. Pero nunca había leído de nadie preocupado por algo tan raro y pequeño. El inventor en cuestión argumentaba lo incómodo y humillante que resulta para los peces los adornos de sus peceras. Y ha diseñado toda una línea de nuevos objetos mucho más lógicos y confortables. Me lo imagino en su casa haciendo plantillas a escala de una pecera y me inquieta. Porque ahora me siento así. Luchando a vida o muerte por los peces de colores.

La brocheta

Del otro lado del mar ha venido un artista guapo y joven. Ha cogido un pincho largo y afilado y ha ensartado mi corazón, mi casa, mis amigos, mi armario y mi pecho. Lo ha puesto al fuego, lo ha asado y se lo ha comido como quien se come una brocheta. Me he quedado en un extraño estado de shock. Pequeñita y reducida como una carne a la brasa.

El carrito de la compra

Es sábado por la tarde y acabo de llegar de hacer la compra. Mi carrito ha ido pasando por todo tipo de fases a lo largo de los últimos quince años. Los años de las zanahorias, los años del arroz integral, los años de las algas japonesas y hoy he llevado en mi carrito pechugas de pollo. Creo que se acerca la época de la normalidad.

Me he cruzado con una pareja de unos cuarenta años y un carrito repleto de potitos, Dodotis, pan de molde, Fanta de naranja y dos niños. Se han cruzado con una chica maravillosa y su cesta llena de cervezas. El hombre del carrito con Dodotis le ha lanzado una mirada corta y profunda a la chica maravillosa de la cesta con cervezas. Lo he notado, a la mínima señal ese hombre hubiera abandonado allí mismo su carrito y se hubiera colgado de la cesta. Una mirada de un segundo hubiera podido más que quince años compartiendo almohada.

No he sabido de qué lado ponerme. He mirado mis pechugas de pollo y he empujado mi carro con fuerza.

Ídolos torcidos

Mi actor preferido es James Spader desde que hizo de impotente en *Sexo, mentiras y cintas de vídeo.* Siempre suele hacer papeles de bueno, pero al final de la historia resulta ser el más malo de todos, el más ambicioso, el más cobarde, el más débil. Pero todos estos horribles atributos forman un personaje que me encanta. En *Lo que el viento se llevó,* el actor que hacía el papel de Ashley me parecía mucho más atractivo que Red Buttler. Y Johnny Depp en *Eduardo Manostijeras* es el monstruo más guapo que he visto en el cine. Nadie se equivoca de la manera que ellos lo hacen. Cuando te tragas a alguien con sus defectos lo quieres para siempre. Hoy una amiga me ha dado un zarpazo. Le aburría la conversación sobre mis proyectos y me ha colgado el teléfono en medio de una frase. Ella es así. Pero no hay muchas como ella.

Soy bueno eligiendo perros

«Voy a ir a la perrera a buscarte un perro, uno listo y tranquilo que sea tu amigo.» *El chico que es bueno eligiendo perros* ha llegado a mi vida de un modo raro. Aún no le había visto y ya nos abrazábamos. Me ha dicho que todos sus abuelos han muerto. Y he creído entender: cuidado conmigo que detrás no hay nada, así que hago daño y dejo que me lo hagan. También sé de él que es bueno eligiendo perros. Que ha nacido en las islas Orcadas, Escocia. Y como Amor N.º 4 creció en Buenos Aires. Que quiere ser escritor y no consigue olvidar un amor.

Y no quiero saber más.

El papelito rosa de la tintorería

Me quedo dormida todas las mañanas. Pongo el despertador a las 8.30 y me quedo en la cama hasta las 9.30. También tardo uno, dos y hasta tres días en devolver llamadas de determinados amigos. Hay días que incluso oigo sus voces en el contestador y no cojo el teléfono. Pero de todas las absurdas venganzas contra mí misma y el resto de la humanidad, la que más me impresiona es la del resguardo de la tintorería. Nada más recibir el papelito rosa me despreocupo de él o directamente lo tiro a la papelera, y a la hora de recoger la ropa me deshago en disculpas por haberlo perdido, teniendo clarísimo que la próxima vez que me den el papelito rosa, lo voy a volver a tirar.

Los *panties* de la muerta

Me acaba de llamar una amiga de toda la vida con la que hablo de vez en cuando. Hace dos días que su marido la ha dejado. Se ha enamorado de otra. Se lo ha dicho mientras cenaban, delante de un enorme solomillo con cebollitas asadas. Mientras su marido hablaba ella miraba asombrada el solomillo, sólo podía pensar en lo bueno que debía de estar y la pena que le estaba dando dejárselo entero.

Hace unos años vi a una viejecita caer desplomada delante de mí en plena calle. Llevaba unas medias blancas con puntitos de encaje. Me quedé mirando las medias con el estúpido pensamiento de lo bonitas que me parecían. En situaciones difíciles nuestra cabeza activa su mecanismo de alta diplomacia. Desvía la atención a cosas pequeñas para que nos sea más fácil digerir lo grande. Cuando me muera espero llevar medias bonitas y que alguien se fije en ellas.

Alta diplomacia

Era una noche de verano en la isla de Formentera. Bebíamos tequila encima de una roca plana y gigante como la mesa de la ultima cena. Hablábamos del único amigo del grupo que faltaba, el chico nervioso y misterioso. Me contaron la insólita carta que hace años *el chico nervioso y misterioso* les envió desde Barcelona cuando ellos estudiaban fuera de España.

> Hola Ch y compañía:
>
> Acabo de llegar de dos días de fiesta flipante. Os hubiera alucinado estar ahí. Era en el Monasterio de Piedra en Zaragoza. Había cuatro ambientes diferentes, en uno de ellos una especie de faquir te hacía masajes por dos mil pelas. El segundo día me tomé un ácido y me puse mal, robé un saco de dormir y con dos sillas me hice una cuna y me pasé el día entero tumbado. Me parecía que nadie quería hablarme. Cerca del monasterio hay un hotel donde van familias, nos miraban a los de la fiesta como si fuéramos vampiros, qué risa. Barcelona está muy aburrida, he vendido un cuadro y me he comprado diez CD y dos x.
>
> Me imagino que ya sabéis lo de mi madre, se ha muerto.
>
> Tíos, espero veros pronto por aquí.

La rebelión en casa

Hace seis meses que vivo en mi casa nueva. La encontré de una manera totalmente accidental, donde menos lo esperaba. Como dicen que se encuentra el amor. Nada más pisarla supe que era para mí. Es preciosa, casi humana y está enfadada conmigo. Demasiadas cenas, demasiadas fiestas de inauguración, demasiada gente pisoteándola. Acabo de llegar de un viaje y la he encontrado sucia y cansada. La puerta del horno está desencajada y hay cera de vela por todo el suelo.

Mi casa está contra mí y tiene motivos para estarlo.

El enano de *Twin Peaks*

La primera vez que probé el licor de avellanas fue un descubrimiento. El sabor se expande por el cerebro como un abanico. Llega a puntos donde ningún otro sabor había llegado antes. En *La metamorfosis* de Kafka el padre del pobre Gregorio Samsa le tira manzanas en su caparazón de insecto gigante. Las manzanas le hacen un hueco y se quedan encajadas. Cuando pienso en esta imagen siento un dolor en el ombligo. En *Twin Peaks* un enano hacía un baile rarísimo. No sabía si me gustaba mucho o no me gustaba nada. Las sensaciones se me disparaban en direcciones opuestas. Lo tenía grabado y lo miraba una y otra vez. Fascinada de no entender.

La rabia

Vengo de una familia de rabiosos. Pero no es una rabia de impotencia hacia una situación. Es una rabia muy particular provocada por las razones más peregrinas. Una mezcla de envidia, furia y pudor. Hay días que nos juntamos diez o más rabiosos en el salón de casa de mi abuela. De sonido de fondo se escuchan carcajadas nerviosas porque tal cuñado ha aprobado notarías o tal prima se casa con el hijo del mejor abogado de Bilbao.

Yo estaba muy enamorada de Amor N.º 7, pero verle bailar con pasitos cortos y rápidos me superaba. Mi genética de rabiosa me tiene dominada.

Nada en la nevera

Dos yogures caducados,
por los hijos que aún no he tenido.
Un huevo,
por el amor de mi vida que me dejó.
Siete cabezas de ajo,
por los amores que dejé yo.
Una mantequilla casi vacía,
por los amigos que ya no veo.
Y un trocito de camembert
porque vendrán tiempos mejores.

MADRID

Verano

Lágrimas de avestruz

Acabo de hablar por teléfono con mi hermana y me ha contado que a mi sobrina pequeña le han descalificado del concurso de gimnasia rítmica. Mi sobrina lloraba desconsolada al teléfono mientras yo trataba de quitar importancia al tema; cuando consiguió articular palabra me explicó por qué lloraba. No era por ella, era por su mejor amiga, que se había torcido el tobillo en la competición y le habían puesto una venda. Ahora sí lo entendía.

Yo nunca lloro y en este último mes he llorado unas diez veces. Crisis existenciales, compasión universal, traumas infantiles; me he inventado todo tipo de disculpas. Sólo me ha faltado decir que lloro porque mi mejor amiga se ha torcido el tobillo. Cualquier cosa vale con tal de no reconocer que me estoy enamorando del *chico que es bueno eligiendo perros.* De Amor N.º 2.

He llorado lágrimas de avestruz que esconden la cabeza a lo que duele.

El ladrón

Hoy he visto en plena Castellana una persecución, dos hombres corrían con toda su alma. Era una persecución curiosa.

El ladrón se giraba de vez en cuando mirando a su víctima con cara de asco, haciéndole ver lo molesto que le estaba pareciendo tener que correr tanto. Hace unas semanas tuve que reclamar una factura. Cada llamada la cosa se complicaba más. Me hacían ver lo molesto que les parecía tener que pagarme. Hay ladrones tan listos que consiguen que te creas que el ladrón eres tú.

Días de plastilina

Madurar me está pareciendo como jugar con plastilina. Voy haciendo y deshaciendo y moldeando mientras veo a mis amigas hacer y deshacer y moldear. Las casadas sin hijos comentan lo difícil que sería su vida con niños. Las que no se han casado hablan de lo difícil que sería su vida con suegra. Las que fueron muy guapas se fijan en lo bien que envejece Jane Fonda. Y las que no lo fueron después de algún que otro retoque ya lo son. Estamos fabricando nuestro mundo de plastilina a la medida de lo que la vida nos va trayendo. En estos días modelo figuritas de mis nuevos proyectos de trabajo —que me darán más dinero, que me permitirán trabajar menos, que me darán tiempo para escribir—. He hecho el cuento de la lechera en plastilina. Y me duermo contenta.

Concentración en un punto

Hoy es domingo y llevo aproximadamente cuatro horas y media mirando una arruga de pintura en la pared. Tengo frío y un poco de hambre, pero soy incapaz de moverme. No es la primera vez que me pasa. Es un proceso de vaciado interior. Un sueño profundísimo estando despierta. No pienso. No siento. No existo. No.

Los unos y los otros

Los que beben Coca-Cola y los que beben Pepsi-Cola. Los conservadores y los liberales. Los que prefieren a los Rolling o a los Beatles. Los que defienden a Fidel y los que no. Los que no están con ellos están en contra. Quisiera ser de los unos o de los otros. Pero ni siquiera puedo odiar cuando me clavan cuchillos y me remueven por dentro como quien escarba en lo negro de una patata.

Cuando junta sus manos, a Dios todo le parece bien

Cuando ella llega, a las demás se nos acaba la fiesta. Es dulce, buena, astuta, guapa. Y además hipnotiza a los hombres con sus frases extrañas:

«Tienes ojos de subir al cielo a coger flores.»

«Dame el último beso que queda en el mundo.»

«Tienes la piel tan fina que te van a salir libélulas y te vas a marchar volando.»

«Cuando haga algo malo y todos me odien, tú estarás de pie para ser mi cama elástica.»

«Te miraba imaginándome cómo sería un hijo tuyo y me he mareado.»

Ellos quedan rendidos. He contado a más de cien. Hace una semana un amigo de Amor N.º 2 la conoció en una fiesta en mi casa. Ya no vive sin ella. No sé cuál es el botón que aprieta. Pero cuando junta sus manos, a Dios todo le parece bien.

Con un cuchillo clavado en la espalda

La gente que me rodea, por lo general, es gente con suerte, sin grandes dramas detrás. Y aun así si les miro de perfil todos tienen un cuchillo clavado en la espalda. Un cuchillo que si no se lo sacan a tiempo puede llegar a matarles. Un arma clavada por los que les han traído al mundo. Padres que pasaron veinte años ladrando, madres niñas incapaces de guardarse el miedo debajo de la cama. Unos padres y unas madres que también tienen cuchillos en la espalda clavados por sus padres y madres. Generaciones de clavacuchillos. Ahora tengo el mío en la mano y un pino en la terraza donde quiero enterrarlo.

Bienvenida mi sombra

Hoy mi sombra ha vuelto. Y ahora que ha vuelto me he dado cuenta de que la había perdido. Siempre me ha gustado. Parecía una indígena, pequeña y alargada. Nada que ver con la cosa redonda que últimamente me seguía con dos alerones disparados que le salían del pelo. Ha vuelto mientras subía las escaleras de mi casa. Me he movido exageradamente, como una actriz de los años cuarenta con falda de tubo y tacones de aguja y la he reconocido.

Los budistas llaman sombra a las tendencias de comportamiento que rechazamos porque las reconocemos en nosotros mismos y no nos gustan. A partir de los treinta la sombra de toda mujer es su madre. No es agradable verte tropezar en las mismas esquinas en las que ella lo ha hecho. Pero a pesar de esto, bienvenida mi sombra.

Treintaitantos años cocinando un *soufflé*

Siempre he querido trabajar por mi cuenta y desde mi casa. Pero he pasado muchos años dependiendo de un horario y ahora dependo de las continuas llamadas de mis clientes. Hago producción de música para publicidad y no necesito un ordenador, ni un fax, ni un armarito para archivar, ni unas tarjetas con mi dirección particular. Ahora tengo en mi casa todo eso y más. Una pequeña oficina, totalmente instalada con Post-it, folios Din A4 y clips. En estos días la uso para escribir el diario, pero no sé bien cómo he llegado a tenerla. Mi inconsciente se ha portado como un buen cocinero, lentamente cocinaba la receta que yo le iba dictando. Llevo treintaitantos años cocinando un *soufflé* que estoy a punto de comerme.

La habitación más fría de la casa

Cuando tenía unos doce años, mis padres compraron una casa muy grande en Asturias. Cada hermano eligió su habitación. Había seis habitaciones enormes con balcones blancos. Yo me quedé en una especie de despensa oscura que había en el último piso. Allí metí todo mi ego de madre Teresa, haciendo un sacrificio que nadie me había pedido hacer. Me paseaba por la casa como una santa a la que sus hermanos le deben gratitud eterna, por quedarse siempre con lo peor.

Ahora sueño con jacuzzis en forma de corazón y con surtidores de los que sale Coca-Cola. Como en la casa de Elvis Presley. Quiero salir de la habitación más fría de la casa.

Ni el amor ni los muertos resucitan

Todos los principios, de todos los finales, de todas mis relaciones, me parecen iguales. En la fase uno tengo la cabeza muy caliente, estoy endemoniada y empiezo a soltar reproches con toda frialdad hasta quedarme vacía. La fase dos es la culpa con lágrimas por la fase uno. Esta fase puede durar dos o tres días. La fase tres son las buenas intenciones. Se pega con pegamento el asa de la taza rota y se intenta seguir bebiendo café. Esta fase dura incluso meses. Hasta que un día aparece de nuevo la fase uno y de ésta se pasa a la cuarta sin escalas.

Ni el amor ni los muertos resucitan.

Poner la silla en la otra esquina del cerebro

La semana pasada fui a ver una exposición de pintura. Siempre suelo ver los cuadros muy rápido, como de pasada.

Esta vez me quedé mucho tiempo delante de un cuadro gigantesco con manchas rojas, naranjas y blancas. Los primeros minutos sólo vi eso, manchas rojas, naranjas y blancas. De pronto me di cuenta de que la mancha roja era un tomate. Minutos después la mancha naranja resultó ser una zanahoria. Y a los diez minutos la mancha blanca se definió hasta tener forma de huevo. No era una interpretación mía, estaban claramente pintados, casi parecía una fotografía de un tomate, una zanahoria y un huevo que yo no había visto antes. ¿Cuántas cosas están ahí y no las veo? O las veo desenfocadas. Viajar me ayuda a enfocar. Cuando llevo unos días fuera de casa me doy cuenta de que en las ventanas hacen falta cortinas y que en el trabajo que estoy haciendo algo está fallando. Consigo por unos días poner la silla en la otra esquina del cerebro, sentarme y ver otro paisaje.

De una espina se construye un pez

Si en cada molécula está todo el código genético de un ser vivo.

Si en un fragmento de conversación un psiquiatra puede descifrar una enfermedad.

Si desde una hoja se reproduce todo un árbol.

Entonces puede ser que tú no seas tan honesto como me dices. Ayer mientras creías que yo no estaba, te escuché marcar su número. Hoy lo has negado todo. Si de una espina se construye un pez, me estás empezando a dar miedo.

El destiempo

Nunca dejo nada para el último momento. Hago la maleta el día anterior del viaje. Pago a Hacienda dos días antes de la fecha. Y nunca he estudiado un examen la noche anterior. Todo a tiempo. Menos un pequeño detalle. Tener un hijo. La única cosa que estoy dejando para el día antes de la fecha de caducidad. Me descubro pensando cosas que hace diez años sonarían a ciencia ficción. Como el posible padre aún no ha aparecido repaso opciones. Puedo hacer un viaje bonito y romántico y conocer a un hombre bueno y listo y extranjero que nunca sabrá que va a ser padre. Puedo proponérselo otra vez a Amor N.º 7, que me contestó algo tan cariñoso como que si hubiera querido tener un hijo conmigo no me hubiera dejado. Puedo congelar esperma de Amor N.º 2 hasta que él tenga tres años más. Ir a un banco a elegir un padre a la carta. O proponer a un amigo gay hacer realidad dos sueños a la vez. Todas esas opciones me parecen igual de malas. Me queda confiar en el destiempo, que ha marcado el tiempo hasta hoy. Aunque sea cuando el tren esté ya en marcha sé que llegaréis.

Notas del traductor

No me gustan los libros que tienen muchas notas del traductor. Me lo imagino intentando quitar protagonismo al autor a costa de ganar espacio en la hoja.

No me gusta el papel de traductora. No me hables de tu amor por otra mientras me desnudas. No quiero quitarle espacio en tu libro, pero tampoco quiero ser un pie de página. Es mejor que me mientas y me digas que me quieres. Es mejor que sigas marcando su número a escondidas.

Cambiando la piel

Cada edad tiene sus tópicos. Y a partir de los treinta casi todas mis amigas me han hecho la gran pregunta: ¿A ti te llaman señora? Por supuesto. Las primeras veces sueles darte la vuelta buscando a una señora, o le lanzas una mirada de desconcierto a la dependienta de El Corte Inglés a la que acabas de preguntar por la zapatería, y te ha contestado que el calzado de señoras está en la planta baja.

Hace tres veranos paseaba con mis amigos veinteañeros por Formentera. Yo con mi casco y mi moto me veía de lo más acoplada al grupo. Nos sentamos en una terraza, éramos unos siete alrededor de la mesa. El camarero fue dirigiéndose uno a uno con una especie de mantra:

Tú, chaval... ¿qué quieres?
¿Y tú, chaval?
¿Y tú, chavalita?
¿Y tú, chaval?
¿Y tú, chaval?
¿Y tú, chaval?
¿Y usted, señora?

Señoooraaaaa. Todos enmudecieron ante mi palidez. El señora llegó hasta Ibiza y volvió.

Ahora que la piel de serpiente ya está cambiada, sigue sin gustarme el sonido de la palabra señora, pero ya no me doy la vuelta buscando una culpable.

A la gente no nos gusta la gente

Hoy he ido a comprarme ropa a una tienda muy pequeña con el vestidor en el centro. Al salir del probador me di cuenta de que de espaldas a mí estaba un chico holandés que trabaja en una compañía con la que yo colaboro. El holandés hacía cosas rarísimas para evitar que nos viéramos. Hablaba a la dependienta encorvado, se tapaba con las columnas, andaba marcha atrás. Todo un catálogo de estupideces que yo he hecho en muchas ocasiones. Me acerqué al holandés y le toqué el hombro mientras decía su nombre. Él trató de hacer una exclamación de sorpresa, pero le salió un graznido de espanto. El pobre holandés estaba incomodísimo. No le gustó nada verme en un sitio distinto a su oficina y menos que le viera en calcetines mientras se probaba unos pantalones de lino.

Continuamente me cruzo con gente que trata de no verme y yo hago lo mismo con ellos.

Emociones como huevos cocidos

Estas últimas semanas estoy comiendo mal y a destiempo. Son las seis de la tarde y me acabo de cocer unos huevos. Los he dejado en el cacito mientras les caía el agua fría del grifo. Los cogía con las manos y estaban fríos. Decidí sacarlos, los tenía apretados mientras veía el calor aparecer lentamente, poco a poco hasta llegar a quemarme. ¿Dónde estaba ese calor? Latente en el huevo, disfrazado de frío. Como los sentimientos de N.º 2 a *la chica que me hace sentir un pie de página.* Desde que sabe que ella va a venir a Madrid ha ido pasando del frío a quemarse. Tiene las emociones como dos huevos cocidos.

Nadando

Llevo varios días soñando con agua. Floto, buceo, nado, me hundo en todo tipo de líquidos. Nadar me parece algo más cercano al cerebro que a las piernas y los brazos. El año pasado iba a nadar tres veces por semana. De una manera casi inconsciente cada día iba disolviendo cosas que me molestaban. Colocaba mis problemas entre las boyas que separan cada calle y no paraba hasta encontrarme mejor. Las líneas del fondo tan rectas y la respiración tan idéntica ponían en orden las cosas. Me enfoqué en mi nuevo trabajo, me nadé algún que otro amor del pasado. Estos días sueño que nado, continuamente. Mañana vuelvo a la piscina. Tengo una bolsa con las cosas preparadas. Sé que dentro, con las gafas, el gorro y el traje de baño, hay guardada alguna decisión importante. Tengo que nadarme alguna respuesta y aún no sé cuál es la pregunta.

Lo bonito en lo feo

He nacido en Asturias, pero nunca me ha gustado. Su humedad, la sidra en el suelo de los bares y las curvas. En Asturias el día del Carmen los pescadores hacen algo tan bonito como sacar a la Virgen en una barca e inundar el mar de flores. Ayer tuve una reunión de marketing, el presidente de la compañía era muy burro y muy grande. Mientras esperábamos en una sala inmensa a que llegara todo el comité de dirección bostezábamos nerviosos. El hombre tremendo nos contó que de pequeño se quedó impresionado cuando un perro le contagió el bostezo.

Las cosas bonitas hacen de freno, y no te dejan caer del todo. Los almendros redondos y rosas que hay en el medio de la Castellana son más bonitos ahí que en ningún otro sitio. En lo feo lo bonito es mucho más bonito.

Hecha un nudo

La chica que me hace sentir un pie de página ha venido a por él. Amor N.º 2 se ha quedado sin voluntad. Se ha ido a Escocia con ella. Yo estaba preparada para separarme. Pero no para despedirme. Cada vez que atravieso el control de pasaportes del aeropuerto y veo a parejas hechas un nudo de dolor se me contagia la enfermedad. Hoy es él el que lo atraviesa. Y yo soy la enferma. Tengo su mirada instalada en mi estómago y tanta pena que ni siquiera puedo enfadarme por un final tan descorazonador. Le quiero. Pero por primera vez en la vida eso me parece lo de menos. Tan duro como la despedida es la sensación de repetición. El uno. El dos. El tres. El cuatro. El cinco. Todos son el mismo hombre, con una importante característica en común: desde el primer día sé que no tengo ningún futuro con ellos. Y cada día que pasamos juntos es para confirmarme esta teoría. Tengo un nudo en la cabeza y otro más fuerte en el corazón.

Maremoto en el cuerpo

Estaba tranquilamente haciéndome la cena. Tratando de disfrutar de tanta casa para mí sola que durante meses he compartido con Amor N.º 2. Estaba abriendo una lata de espárragos y con el rabillo del ojo he visto un cuadernito que se ha olvidado. He tratado de no mirar y concentrarme en los espárragos. Pero no he podido. El maremoto ha empezado en la boca del estómago. De aquí ha subido hasta la garganta. Y a los ojos. Por los ojos se me ha escapado el agua y la sal. He tratado de evitarlo. Pero he visto el cuadernito. Y ha empezado el maremoto. Estaba tranquilamente haciéndome la cena.

Me faltas

Me faltas.
Como falta el dos para que con el uno sean un veintiuno.
Me faltas.
En la misma proporción que me sobra cama.

Miedo al miedo

En las primeras producciones de música que hacía me ponía tan nerviosa que en el momento de la presentación escuchaba la música totalmente deformada. Lenta y desafinada, o acelerada y ridícula. Una vez que el cliente decía lo mucho que le gustaba, yo la escuchaba perfectamente y me encantaba a mí también.

Hace diez días me fui a hacer la revisión anual ginecológica y ayer recogí los resultados. Iba muerta de miedo. Nada más llegar vi que mi sobre estaba en otro montón. La cabeza se me disparó y empecé a prepararme para encajar cualquier noticia. Me senté en la sala de espera, y como era la hora de la comida, vi a la enfermera que me suele atender comiéndose un bocadillo de atún en el cuartito de las enfermeras. Para tranquilizarme pensé que alguien que en dos minutos va a dar una noticia tremenda no se come un bocadillo de atún. La enfermera se acercó a pedirme la tarjeta del seguro, tenía la cara seria, no sonreía como otras veces. Lo que más miedo me daba no era la hipotética noticia, era mi reacción ante ella. Me imaginaba desmayada en plena consulta y la idea me parecía terrible. Entré temblando. Me estaba sentando cuando oí un «Estás fenomenal». Sólo se me ocurrió decirle a la ginecóloga: «¿Qué dices?» Al despedirme, la sonrisa de la enfermera era tan encantadora como siempre. Y mi miedo tan irreal que aún da más miedo.

A CIENTO VEINTE REVOLUCIONES POR MINUTO

La primera vez que me pasó fue hace tres años. Estaba tan tranquila en la cama cuando el corazón dio un salto y se subió a la garganta. De ochenta pasó a ciento veinte pulsaciones.

Me asusté, y el susto aceleraba más las pulsaciones, que aumentaban el susto. Todo el cuerpo era un enorme corazón latiendo. A esta taquicardia le siguieron muchas más durante ocho meses. Llevaba una cajita de Orfidal en el bolsillo, y sólo con saber que las pastillas estaban ahí, la taquicardia paraba poco a poco, o simplemente no venía. En esos días me fabricaba listas interminables con mis interminables obligaciones. Tratando de controlar un corazón incontrolable.

- Medir las sillas para tapizar.
- Depilación.
- Dinero portero.
- Archivar pagos IVA.
- Reclamar devolución de billete.
- Droguería.
- Buscar gimnasio.
- Guía hoteles con encanto.
- Llamadas: abuela, Isabel, Nacho.
- Pedir últimos movimientos.
- Dar cera a la madera.

Saltando meses como quien salta vallas

Hoy un buen amigo cumple años. Como este día casi siempre lo paso con él, he estado repasando los cumpleaños de los últimos años. Sé que fueron días bonitos, pero no sé por qué los recuerdo con una sensación mala. Todo lo contrario a la nostalgia. Lo bueno siempre viene mañana. O como mucho lo bueno es hoy. Cada mes tengo una fecha que quiero que llegue. Cuando la supero me busco otra rápidamente. El único objetivo es que pase el tiempo. De vez en cuando me sumo al tópico generalizado de *parecequefueayer*, pero miento, no me importa nada que el tiempo vuele. Como una saltadora de vallas paso por encima de los meses. Sé que al final del todo no me espera nada bueno. Pero espero con vértigo que llegue de nuevo noviembre.

La fiesta más corta de sus vidas

Antes de ayer fue sábado y di en casa una pequeña fiesta. La gente estaba citada a las once. Con los nervios por la marcha de Amor N.º 2 decidí que sería buena idea tomarme un Orfidal para relajarme. A las once menos cuarto me lo tomé. A las once y diez decidí que sería buena idea tomarme un whisky para animarme. A las once y media me tomé otro whisky. A las doce menos veinte, me cuentan, que discretamente me subí a mi habitación y simplemente me desplomé en la cama. Desconectada como una máquina en *off.* A las doce bajaban los invitados como zombis. Escalera abajo. Acababan de asistir a la fiesta más corta de su vida.

El holograma sentimental

Casi todas mis relaciones sentimentales han sucedido en mi cabeza más que en la realidad. Un «Estoy confundido» era para mí «la intensa pasión que estoy sintiendo por ti me deja la cabeza nublada». Una declaración de amor en una película que veíamos juntos y un abrazo al mismo tiempo significaba que todo lo que le decía Tom Hanks a Meg Ryan él me lo decía a mí. Una mirada de miope perdida en la nada era una mirada de amor profundo.

El Cid Campeador ganó su última batalla muerto dentro de su armadura y subido a su caballo. No hacía falta Cid para ganar la guerra, bastaba con la idea del Cid. A mí tampoco me hacía falta un hombre para enamorarme, directamente me lo inventaba.

Con Amor N.º 2 pensé que la relación se acercaba un poco más a la realidad. El precipitadísimo final me hizo dudar. Hoy me ha llamado. Dice que me echa de menos. Sus miradas eran algo más que las de un miope. Él no es un holograma. Y aunque sólo sea por esto lo recordaré siempre.

Buceando en los amigos

Nunca he sido tan cariñosa con mis amigos como desde que tengo correo electrónico. Como un cordón umbilical estamos electrónicamente unidos. Algunos están lejos y nos contamos cosas que nunca antes nos habíamos dicho. Otros están en la misma ciudad y cuando nos vemos tenemos más distancia que cuando nos escribimos. Buceo en mis amigos más que nunca.

Con el mundo encendido entre los dos

Amor N.º 2 ha vuelto. Con su mirada que se instala en mi estómago y su confusión.

Hemos hablado, yo echada en la cama y él sentado en el suelo. Con una bola del mundo luminosa entre los dos.

ELLA, QUE SOY YO: ¿A qué has venido?
AMOR N.º 2: A decirte cosas que no te había dicho.
ELLA, QUE SOY YO: Dilas.

AMOR N.º 2: Estoy lejos de ti y lo veo claro y ahora no sé. ¿Te has fijado en lo chiquita que es en realidad Alemania?

ELLA, QUE SOY YO: La cosa es más sencilla; si en todos estos meses no la has olvidado, cásate con ella.

AMOR N.º 2: No seas tan dramática. ¿De cuándo es este mapa? Debajo de Malvines Islands pone Argentina.

ELLA, QUE SOY YO: Te lo he dicho, quiero estar contigo. Pero ya no sé dónde colocarme. Hace un mes ibas a separarte definitivamente cuando ella viniera a Madrid. A las siete horas de verla te fuiste con ella a Escocia. A la semana vienes para decir que no sabes a qué has venido. Habla de una vez.

AMOR N.º 2: Lo sé. ¿Te habías fijado en el lago tan grande que hay en Uganda?... Pero... ¿dónde te vas?

Sansón cansado

Amor N.º 2 ha decidido quedarse. Conmigo o con Madrid. No lo sé. Ayer volvió a dormir en casa y hoy me ha pedido por favor que le cortara la barba para afeitarse del todo. Estábamos callados, al sol, escuchando a Leonard Cohen. Parecía una ceremonia religiosa. Él en una silla grande con una toalla blanca rodeándole y yo en una banquetita de madera entre sus piernas y con unas tijeras de cortar uñas. Cortaba pelo y sabía que estaba cortando algo más. Él me miraba, cogía los pelos que se le iban cayendo, suspiraba y decía mi nombre en bajito. Sin barba parece lo joven que es. Empieza una nueva etapa. Después del afeitado los dos nos hemos quedado cansados. Sin fuerza. Y un poco asustados.

Palabras que dan vueltas como norias

Fue en Nueva York cuando empecé a grabar conversaciones de la gente con una grabadora pequeña. No tenía muy claro qué haría con ellas, de momento las coleccionaba.

Ésta es la transcripción de mi primera grabación. Dos portorriqueños en la estación de metro de la calle Catorce:

PORTORRIQUEÑO 1: Oye, chico, estos zapatos son fantásticos. Gasté ya dos pares. Los metes en nieve, en agua, en barro, y no se manchan, la suciedad les resbala.
PORTORRIQUEÑO 2: Tremendo.
PORTORRIQUEÑO 1: Chico, dos pares gasté ya. Los metes en la nieve y no se manchan. La suciedad les resbala.
PORTORRIQUEÑO 2: Tremendo.
PORTORRIQUEÑO 1: Dos pares gasté ya. La suciedad les resbala.
PORTORRIQUEÑO 2: Tremendo.

Hablaron de los zapatos más de media hora. La conversación giraba como una noria. Hablar de nada les relajaba. Yo también me dejé llevar. Metida en sus zapatos.

Mujeres herbívoras, vertebradas e invertebradas

Acabo de hablar por teléfono con varias amigas que aún conservo del colegio, tratamos de vernos el sábado que viene. Llamé a la primera al móvil, casi no podía hablar, es voluntaria en una ONG y estaba acompañando a un amigo enfermo a hacerse un escáner. A la segunda le he dejado un mensaje, es la única con niños. Su hijo pequeño balbuceaba sus primeras palabras en el contestador, he llamado tres veces hasta asegurarme de que no me había equivocado de casa. A la que hacía más tiempo que no veía seguiré sin verla. Ha terminado su tesis de filosofía y le han concedido una beca en Estados Unidos, algo acerca de una ciudad sólo de mujeres, o eso he creído entender. La cuarta y última vendrá, pero un poco más tarde, es la asistente personal de un actor y tiene una rueda de prensa. Cuando colgué me dio la impresión de haber hablado con cuatro dimensiones distintas y en cuatro idiomas diferentes.

Teníamos catorce años cuando las cuatro quedábamos en el Vips para tomar tortitas con nata. Las mismas tortitas. Las mismas Coca-Colas. La misma falda escocesa. Y seguramente los mismos zapatos. La diferencia se pagaba cara. Ahora somos de especies distintas. Trato de encontrar rasgos comunes. Y me encuentro más parecida al gato de mi vecina francesa.

Guerra en mi ombligo

Unos soportan bombardeos mientras otros nos miramos el ombligo.

MADRID

Invierno

Cuatro dunas y té de menta

Cuando hace frío como hoy.

Es invierno como hoy.

Y me levanto torcida. Como hoy. Me voy al calorcito de las cuatro dunas de Tarifa.

Allí me acurruco mentalmente y me acuerdo de un verano.

Tenía alquilada una casita pequeña y azul. En la playa. Paseando encontré un esqueleto de ballena. Muy bonito.

Leía mucho, dormía mucho y bebía té de menta.

Llevaba unas botas militares y un vestido blanco. Estaba sola como hoy.

Pero había un ángel en cada punta de la duna.

Que no está cuando hace frío como hoy.

Es invierno como hoy.

Y me levanto torcida.

Cosiendo dobladillos

Hay quien nunca te pediría el favor de ayudarles a arrastrar sus cajas de mudanza durante todo un fin de semana. Y quienes se indignan si no lo haces. Hay quien teme molestar diciendo que es su cumpleaños. Y quienes te llaman el día anterior para que al dar las doce estés con ellos, te lo recuerdan el mismo día y te invitan a la fiesta que hacen al día siguiente. Hay protagonistas y acompañantes. Bocas y orejas para esas bocas. Quien cose dobladillos de pantalones nuevos y quien los estrena. Quien vive en este mundo en su pequeño minifundio con las piernas encogidas y quien tiene una enorme tierra para estirarse tranquilo. No hay espacios neutrales. La tierra que uno pierde la gana el otro. He empezado mi conquista, trato de no coser un dobladillo más.

En busca de costumbres

«Los jueves comemos cocido»; «Desayuno siempre en el bar de la esquina»; «Leo los periódicos antes de ir a trabajar»; «Me suben la compra del supermercado de abajo»; «Nada más levantarme pongo música clásica».

Siempre que oigo frases así me da envidia la persona que hay detrás. Las costumbres son un buen invento. Cada día pierdo tiempo en las acciones más tontas. Incapaz de mecanizar nada. Cada día pienso en un camino diferente para ir a trabajar y me planteo dónde comer. Ayer fue jueves y comí en casa de mi hermano y su reciente mujer. Ella me dijo toda contenta: «Ven a comer cuando quieras. Los jueves son un buen día porque tenemos cocido.»

A los buscadores de costumbres, frases como «Los jueves tenemos cocido» nos llegan al alma.

Viaje al centro de la Tierra

Amor N.º 2 lee mientras yo escribo. De vez en cuando viene a verme, me levanta y me lleva a su sofá. Me abraza suave y fuerte, me da un beso. Y me lleva de viaje al centro de la Tierra. Por eso me gusta tanto. En el medio de mi estómago se abre un agujero y se cuelan cosas de mi cuerpo al suyo. Me quedo en inferioridad de condiciones, pero me aguanto porque no es fácil que me pase. Cuando deja de abrazarme trato de recuperar lo perdido. Se lo digo y se ríe, aunque nunca entiende bien qué es lo que se cuela en su cuerpo me sigue la corriente como si lo entendiera. Voy con él de viaje al centro de la Tierra y hace mucho que no iba allí con nadie.

Mascotas

En Madrid las palabras en diminutivo y las sonrisas suelen ir dirigidas a los bebés y en Nueva York a las mascotas. Allí todo soltero que se precie tiene en casa un gato o un perro. La ex novia de mi hermano tiene un cachorro de labrador desde hace tres meses. Todas las noches lo saca a pasear por el mismo parque en el centro de Madrid y hace tiempo que no la veía tan contenta y con tantas ganas de hablar: «El del dálmata se ha separado, va a venir al despacho a arreglar los papeles del divorcio. Su mujer se ha ido con la secta de la Rueda de la Vida. Él está desesperado, se ha quedado con las dos niñas que tienen, se ha dado la baja; es cardiólogo y en su estado no puede meterse en un quirófano a operar. Anoche me quedé hasta la una hablando de cine con el del mastín de los Pirineos, hemos cenado juntos una noche, es tatuador, de madre sueca y padre de Soria. Me gusta pero es un chico muy triste; creo que también le gusto al del dálmata. Hace años que no conocía a gente nueva. A ti te gustan los afganos, ¿verdad? Pues por la plaza de Santa Ana pasea uno, su dueño es amigo de mi amigo el del mastín. Desde luego entre un cardiólogo y un tatuador... pero me deben gustar los tristes.»

Quiero un perro. Y nunca había querido tener uno.

Cualquier pequeño cambio es una victoria.

Quiero un perro.

Asteroides del rock and roll

Los científicos son las estrellas del rock and roll del momento. Apasionados, inspirados y locos. Hoy leía en un periódico a un científico relatar su teoría: si los humanos en lugar de ojos tuviéramos rayos infrarrojos, veríamos que el cielo no está cubierto de estrellas si no de asteroides.

La semana pasada en la televisión vi un reportaje del desarrollo de la clonación. Fabricaron una oveja como quien dirige una superproducción de Hollywood. El Oscar no estaba dedicado a un productor, sino a otro científico sin el cual la oveja *Dolly* no habría sido posible. Son tiempos raros. Ya no hay estrellas. Sólo asteroides. Y clones.

Negociación

«En los negocios uno obtiene lo que negocia no lo que merece.» Ésta es la frase de un gurú del marketing, que habla de todo lo que no me gusta. Normalmente espero que sea el otro el que respete mi espacio y me dé lo que me corresponde, sin tan siquiera pedirlo. La idea de negocio me pone enferma sin saber muy bien por qué. No entiendo el juego, un buen negocio me suena a un buen engaño. Mi trabajo tiene mucha parte de negociación, y cuando acabo una buena operación me da un bajón inexplicable, que desde luego se acaba de golpe cuando cobro el dinero. Aunque no hay juego sucio me avergüenza sacar ventaja. Hay una mujer habilidosa cosida a una mujer cobarde que me tortura. Si analizo un poco la situación pienso que los buenos negocios me dejan como ganadora frente al otro, mientras yo estoy más acostumbrada a tener el poder de los dadores y que los demás me deban. Además está mi fijación de compartir todo lo que pienso, y siempre tengo la tentación de hablar en los momentos de la negociación donde toca estar callada.

Llevo un tiempo en este trabajo y ahora me siento más segura. Las primeras negociaciones eran una tortura. Nunca había defendido un presupuesto, y mezclaba todo. Si un cliente me llamaba con un tono enérgico pidiendo una reducción en el precio, a mí me sonaba a ataque personal, y leía entre líneas cosas de este tipo:

Cliente: «El presupuesto me parece desproporcionado, la

campaña durará sólo tres meses. Por favor, reduce de donde puedas porque así no lo puedo aprobar.»

Traducción simultánea de ella, que soy yo: «Me has fallado, tenía una buena opinión de ti, ahora creo que eres una ladrona. Por favor, reduce el presupuesto que además va a ser el último que te pida en mi vida.»

Cariño y mortadela

Conversación grabada en la línea de autobuses 1 de Madrid entre un matrimonio de unos setenta años abarrotados de bolsas del supermercado Dia.

MARIDO: Mamá, nos hemos olvidado la mortadela.
MUJER: No; me he acordado, pero es mejor comprarla en el Pryca de la tía Elena, sale a ciento ochenta pesetas.
MARIDO: No, mami, ¡qué dices! Si la última vez en ese Pryca estaba a doscientas y algo, cuando compramos el pavo trufado ese tan rico.
MUJER: ¿Y las aceitunas a granel? ¿Te acuerdas a cómo estaban marcadas?
MARIDO: Juraría que a doscientas cincuenta, pero no sé si eran las aceitunas o las cebolletas.
MUJER: El próximo domingo te hago otra vez trucha escabechada.
MARIDO: ¿De la pescadería del Máximo?
MUJER: Claro. ¿De dónde va a ser? La de casa es un robo.

No sé dónde han escondido los problemas que tuvieron durante su vida. Ahora parecía que les quedaban pocos. La comida y la búsqueda de las ofertas llenaban totalmente su tiempo. Se les veía felices compartiendo el cariño y el precio de la mortadela.

La segunda oportunidad

Hoy es domingo, y mañana lunes presento una composición musical para un anuncio de un coche. Durante la comida mi socio se ha acordado de un programa de televisión de hace varios años. El programa lo presentaba un experto en coches, Paco Costas. Primero aparecía un accidente de tráfico y después volvías a ver el mismo accidente y te explicaban cómo pudo evitarse. Se llamaba *La segunda oportunidad*. He vuelto del estudio de grabación andando a casa. Me he pasado los tres cuartos de hora de camino imaginándome la segunda oportunidad con Amor N.º 7. Fue mi gran amor, estuvimos ocho años juntos y me dejó aproximadamente unas dieciséis veces. Cada vez que me dejaba lloraba callada y angustiada como si él fuese Dios y mi vida dependiera de sus decisiones. Me he imaginado la escena en su casa: me volvía a dejar y yo muy dignamente me levantaba, decía estar totalmente de acuerdo con él y le pedía la dirección de su abuela para anotarla en mi agenda y felicitarla en Navidades, después de darle un beso. También me he imaginado finales más cinematográficos como el del amor oculto. Una vez que me hubiese dejado, lloraría lágrimas de agradecimiento: no sabía cómo decirle que llevaba muchos meses enamorada de otra persona pero a él le tenía tanto cariño que era duro decírselo. Me he reído de mi venganza de dibujos animados. He rebobinado mi pasado rescatando un poquito de amor propio. Aunque sea en homenaje póstumo.

Los vestidos de la ansiedad

A la ansiedad le encanta disfrazarse, pero yo la voy conociendo y no me dejo engañar. Hace unos meses hice una buena dieta para adelgazar, el combinado homeopático funcionó y la ansiedad por la comida desapareció. Como no fumo, la ansiedad se disfrazó de compradora compulsiva de pequeñas tonterías. Fui la reina del todo a cien. Tengo en mi casa interesantísimas colecciones de esa época: veinte vasitos para vino, cestas de todos los tamaños, cucharas de postre de todos los colores y algún tesoro más. Cuando mi hermano deja de fumar, sustituye el cigarro por litros de agua. Es curioso verle beber de una manera furiosa y compulsiva. La ansiedad no desaparece, sólo muta. Tiene mil vestidos distintos, y cuando le quitas uno corre a su armario a ponerse otro.

Leer atentamente las instrucciones

Desde que tenía seis años hasta los catorce, mi pasatiempo preferido ha sido leer los envases y prospectos de los productos del cuarto de baño y la despensa. «La suavidad y cremosidad del jabón Lux le convierten en el compañero ideal para la ducha y el baño»; «Y el toro dijo al morir: "Siento dejar este mundo sin probar pipas Facundo." Si te dan imitaciones recházalas al segundo, pide siempre lo mejor, que son las pipas Facundo».

Estas y muchas otras frases que repetía y me aprendía de memoria. Cuando empecé a trabajar en publicidad, mi primer trabajo fue redactar los textos de los envases de los cereales Kellogg's. Mi director creativo estaba impresionado de la facilidad que tenía para resolver cualquier tema relacionado con textos de envases, etiquetas, instrucciones o folletos explicativos. Parecía que llevaba toda la vida haciéndolo. Y es que así era. Y me di cuenta mucho después. Ahora observo atentamente a los niños que tengo cerca. Trato de saber para qué pueden tener aptitudes. Las Navidades pasadas mi sobrino planchaba una bola gigante de plastilina verde. Le pregunté: «Jaime, ¿qué planchas?» «¿No lo ves? Una chuleta con patatas», me contestó.

Hipnotizada

Hoy es Jueves Santo. Me he quedado en Madrid y por mi calle ha pasado una procesión. No soy religiosa y aun así la procesión me ha emocionado por encima de mi voluntad. Como una fórmula magistralmente diseñada: unas dosis de encapuchados, muchas flores, mujeres de negro y con mantilla andando con pasos firmes y aristocráticos, soldaditos con uniformes bonitos y sobre todo muchos tambores tocando al mismo tiempo. Hay momentos diseñados para hipnotizarte aunque no quieras. Como los rusos desfilando o como la entrega de las medallas olímpicas.

Estaba en el puerto marítimo de Barcelona, hace unos cuatro años, y me di cuenta de que llevaba tres cuartos de hora siguiendo con la mirada a un niño de tres años. A mí nunca me han gustado los niños, nunca había querido tener uno, ¿qué me estaba pasando? En ese mismo momento, mientras escuchaba gritar a las gaviotas, me di cuenta de lo incontrolable que era el deseo de ser madre. Desde ese día estoy hipnotizada, algo se ha instalado en mí por encima de mí misma.

El hombre del jersey de pico

«Búscate un hombre con jersey de pico.»

Eso es lo que siempre me han dicho en mi casa. Mis parejas no han podido ser más raras. Pero reconozco que fantaseo con el hombre del jersey de pico. De la misma manera, pero al contrario, que mujeres con su vida organizada y estable sueñan con escultores franceses con los que huir y vivir un apasionado romance subidos en el Transiberiano. Sueño con un hombre normal. Que no sea ni niño, ni loco, ni artista excéntrico. He luchado siempre contra la normalidad, pero creo que cada día estoy más cerca del hombre del jersey de pico.

La mochila humana

Llevo un mes yendo casi todos los días a la misma agencia de publicidad a trabajar en una música para una campaña.

Casi siempre me hacen esperar y oigo la conversación de la recepcionista con sus amigos. Por lo que deduzco, se acaba de separar de su marido. Al lado del teléfono tiene una foto de dos niños haciendo yudo. Uno de unos nueve años y otro de siete. Y un cartelito que pone: «Lo imposible lo hacemos de inmediato, para los milagros tardamos más.» A cada amigo que llama, la recepcionista le lanza la misma frase: «Estoy feliz, de verdad, me he quitado una mochila de encima.» Repite una y otra vez su frase de la mochila tratando de convencer a sus amigos, y sobre todo a ella misma, de que su decisión ha sido la correcta. Me la imagino con un marido grandote encima de ella, aplastándole la columna vertebral. Y me parece increíble en lo que se convierte el amor.

Dios

Cuando era una niña Dios existía, y como otros muchos niños me creía que Dios era yo. Los jueves venía a mi casa la costurera Julia, era muy viejecita y a mí me gustaba mucho hablar con ella. Un día le regalé mi gran tesoro: un trébol de cuatro hojas que me había encontrado en el campo y lo había metido en un llaverito de plástico que compré en un fotomatón. Le di el trébol como quien entrega un poderosísimo amuleto. Julia dejó de venir a mi casa a coser, pero preguntaba por ella y mi madre siempre me contestaba lo mismo: «Está estupenda. Julia va a vivir más de cien años.» Yo tenía el pleno convencimiento de que Julia la costurera vivía tanto gracias a mi trébol.

Mis supuestos poderes divinos se fueron extendiendo por muchos años, pensaba que debía conseguir que nadie de mi familia estuviese nunca enfermo, que mis amigos estuviesen siempre contentos y que mis amores tuvieran mucho éxito en sus carreras. Ahora me he despedido de mi trabajo de ser Dios y estoy encantada, sentada en el banquillo, mirando a mi equipo jugar tranquilamente, sabiendo que por mucho que grite el resultado del partido va a ser el mismo.

A punto de caer de un noveno piso

Últimamente desconecto el teléfono al llegar a casa. Más que por estar tranquila lo hago para ponerme a prueba. Cuando llevo cuatro o cinco horas desconectada me empieza a invadir una sensación de miedo inexplicable. Fuera están sucediendo todo tipo de catástrofes y yo no me estoy enterando. Amigos que me tienen que ver a vida o muerte, cintas con música que he enviado a la televisión y se han borrado, accidentes. Cuando llamo a mis padres por teléfono, mi madre suele contestarme con un extraño idioma que traducido es algo así como «¿Qué ha pasado?». Como si en lugar de haberle dicho «Hola, ¿qué tal?», le hubiera saludado con un «Hola, mamá, me estoy muriendo». Tengo un miedo heredado. Mamado desde el biberón. No consigo deshacerme de esta incómoda sensación de estar a punto de caer de un noveno piso.

El efecto aventura del *Poseidón*

Ayer fue Viernes Santo y salí a la calle aproximadamente a las 9.30. Acababa de pasar la procesión, había cientos de personas, vallas cortando la circulación y colas interminables de gente esperando el autobús. Era una noche casi calurosa, la gente estaba contenta y en medio del follón los policías de tráfico se movían encantados. Iban con su uniforme completo, con esas chaquetas verdes fosforescentes y megáfonos. Gritaban: «Todos a las aceras, vamos a restablecer el tráfico. Todos a las aceras.» Sintiéndose importantísimos como parte de una película. Me recordó mi viaje de vuelta de Sri Lanka hace ya varios años. Volaba con la compañía Pakistan Airlines, y se les estropeó el único avión que tenían disponible. A los diez minutos de comunicar la noticia por la megafonía del aeropuerto, los papeles de la película que estábamos a punto de protagonizar ya estaban repartidos. El líder, un médico alemán que viajaba solo, decidió que era mejor coger un avión de vuelta a la isla de Male y de ahí volar a Pakistán. El aspirante a líder, un inglés, pensaba que lo mejor era quedarse en Sri Lanka y esperar al día siguiente. El inglés se movió rápidamente y consiguió vales de comida y cena y un hotel pagado por las líneas aéreas y se quedó fascinado de su logro. Yo viajaba sola y no sabía a qué grupo seguir. Había cinco o seis parejas italianas en viaje de luna de miel que me trataban de convencer de que la mejor opción era esperar al vuelo de mañana. Y un músico irlandés y su mujer tiraban de mí para volar a Male. Me parecía estar viviendo una especie de «aventura del *Poseidón*». En quince minutos todos sacamos lo más genuino de nuestras personalidades. Yo y mi impaciencia decidimos irnos con el grupo del líder alemán. Nos despedimos de los que se quedaban, con abrazos y besos exagerados para lo poco que nos conocíamos. Después de ese viaje he vivido otras «aventura del *Poseidón*» y los papeles se han vuelto a repartir casi idénticamente. Y he vuelto a ver en los ojos la mirada de creer estar haciendo una misión tan importante como los policías de tráfico en un día de procesión: «Todos a las aceras, vamos a restablecer el tráfico. Todos a las aceras.»

De una hormiga a un dragón de siete colas

No me gusta cocinar, no tengo paciencia y tampoco presumo de lo contrario. Hace unos días hice una pasta para Amor N.º 2 y para mí. Le encantó, especialmente la salsa, que no la había hecho yo, pero en su momento me dio pereza aclararlo o simplemente decidí dejarlo así. Ayer volví a cocinar la pasta. Cuando estaba abriendo el bote de salsa boloñesa Barilla, él entró en la cocina. Yo me reí haciéndome la sorprendida, e hice como que tiraba el bote precipitadamente. Él creyó que realmente me había descubierto. Y se quedó asombrado de mi estúpida mentira. Lleva todo el día riéndose de mí. Cada vez que le cuento algo pone cara de ponerlo en duda y me dice: «Anda, cocina un poco de tu salsa de tomate.» Y me mira de lado. No puedo quejarme, yo he desconfiado de la misma manera.

Las hormigas en la tortilla de patata de los demás son dragones de siete colas en la de uno.

Prohibido dar de comer a las pirañas

Hace más de doce años que pasó, pero lo recuerdo muy bien. Era mi primera entrevista de trabajo en una agencia de publicidad. El director creativo que me contrataba me hablaba como si fuese una niña. Me miró a los ojos y me preguntó si era capaz de escribir un cuento. Le respondí que sí. Me dijo que empezaría a trabajar mañana mismo y que probablemente ese día y el de mi boda serían los más importantes de mi vida. Desde el primer día me sentí una extraña en ese mundo, y así me he sentido los doce años restantes. Para motivarme, mi director creativo me contó con formato de leyenda china lo que era para él un texto de publicidad. Me gustó: «En el estado de Nevada había un lago con agua contaminada. Los guardabosques se desesperaban porque los visitantes no respetaban las señales de agua no potable y se bañaban tranquilamente. Escribieron todo tipo de mensajes: "Agua contaminada"; "No bañarse bajo multa de cien dólares"; "Aguas estancadas". Hasta que un día uno de los guardabosques tuvo la feliz idea de escribir: "Prohibido dar de comer a las pirañas." Nadie volvió a bañarse.»

Mi abuelo se murió vivo

Hoy me ha pedido dinero en la calle una chica de unos treinta años, guapa a pesar de su absoluta decadencia. Tenía el pelo largo y rubio y no tenía dientes. Llevaba los labios pintados de rojo y un bolso de bandolera. Zapatos de tacón destrozados, y pulseras en los brazos alrededor de los pinchazos, como si en plena destrucción abandonar su condición de mujer fuese casi el final. Me la he imaginado abriendo su bolso donde guarda su barra de labios y pintándoselos mientras se está muriendo. Cuando se acerca el final los gestos más sencillos son los que te dicen que aún vives. Mi abuelo se murió contando, yo estaba en la habitación de al lado y le oía. Hasta que dejó de hacerlo. Mi abuelo se murió vivo y quizá por eso se murió tranquilo.

Demasiados muebles donde tropezar

La ex novia de mi hermano invitó ayer a cenar en un restaurante ruso a *el chico triste del mastín.* Le recogió en su coche a las nueve de la noche y le llevó un libro de Rilke de regalo. Todavía no habían pedido y él sentía tanta asfixia que le dio un ataque de estornudos. Ella sabe que apabulla a los hombres y odia hacerlo; aún no habían pedido y ya era consciente del desastre. «¿Qué son *blinies*?» preguntó *el chico triste del mastín* al camarero mientras le salía un tremendo gallo. Él se puso rojo y ella al mirarle se puso roja también. Entonces él la miró y se puso más rojo todavía. Ella se sintió acorralada y la única salida que se le ocurrió fue la tos. Compitió con los estornudos del comienzo y empezó a fingir la tos de tal manera que acabó siendo un ataque de verdad. Me lo contaba mientras decía: «Me encanta ese chico, me encanta.»

Están metidos en una habitación con demasiados muebles donde tropezar, es una relación patosa con todo el encanto de las cosas torpes.

La soledad de los satélites

El lunes pasado me instalé en casa Canal Satélite Digital. Yo he crecido con la primera cadena y el UHF. Cuando *Hombre rico y hombre pobre* nos daba tema de conversación para todo el recreo. Mientras lo veías te imaginabas a todo séptimo de EGB letra A viendo lo mismo que tú. La unión absoluta. Cada acontecimiento de la primera cadena te hermanaba hasta con el panadero donde comprabas los cornetes de chocolate. Esta semana mientras veía alguno de mis cincuenta nuevos canales buscaba mentalmente aliados que estuvieran viendo lo mismo que yo. Pero cada amigo que pude imaginar tiene una televisión diferente. Vivimos en realidades distintas. Nadie vio el documental que vi ayer sobre genética y como no puedo hablar de él me parece que no existe. Ha desaparecido en la soledad de un satélite.

Sonriendo con un alga en el diente

Hoy he comido en un restaurante japonés. Y después me he pasado por el estudio. De las nueve personas con las que he hablado ni una sola me ha avisado que tenía un alga enganchada en el diente. He llegado a casa y me he encontrado con la maravillosa visión.

Las situaciones ridículas generan más ridículo todavía y nadie se atreve a romper la cadena. He visto a hombres pasearse por los locales más elegantes con tiras de papel higiénico pegadas a sus zapatos, y mujeres con un maravilloso andar de gacela a las que la falda se les había quedado enganchada dejando a la vista unas medias aplastando su ropa interior. Me encanta la gente que te extiende un espejito y te dice «Mírate, que se te ha quedado algo en el diente». Mi sonrisa de alga me ha hecho sentir dos veces idiota. Como cuando Amor N.º 7 me engañaba, los que lo sabían me miraban con cara de pobrecita que tiene un alga en el diente y no lo sabe, pero por alguna razón decidieron que era mejor no prestarme un espejo.

Flechas en direcciones contrarias

No me gustan los hoteles con bufé de desayuno porque, al contrario de toda lógica, cuando hay bufé, como menos de lo normal. Me entra un incomprensible pudor. Como si una cámara oculta me estuviera rodando. La misma supuesta cámara que filma a todos los supuestos gorrones que rentabilizan el bufé. Me quedo con mi triste tostada, mientras veo pasar bandejas de frutas tropicales y embutidos. Podría parecer que los no comedores de bufé también fueran no comedores de canapés en fiestas o cócteles, pero en mi caso es justo lo contrario. Me como cualquier cosa que pase a mi lado con forma de canapé. Me hace una ilusión increíble ver a los camareros empujar con el pie las puertas abatibles de la cocina, y les sigo con los ojos hasta que llegan a mi lado. Como lo insignificante crece hasta convertirse en lo importante, en la contradicción bufé-no/canapés-sí está la semilla de contradicciones más importantes. Como la de llevar años diciendo que quiero estabilizarme y tener una familia, y seguir eligiendo como pareja a un extravagante viajero sin rumbo, catorce años menor que yo, con doscientos libros en una maleta y mil doscientas pesetas en el bolsillo. Como flechas en direcciones contrarias.

Alergia a la vida

Proyecto Freissas es el perfecto hombre del 2000. Es un amigo de mi hermano y siempre me ha gustado el mote que le han puesto. Proyecto Freissas está programado para el éxito. Joven, guapo, ambicioso aunque lo justo, con mucho talento y mucha capacidad de trabajo. Y con algo muy importante: sus emociones totalmente controladas. A Freissas le ha dejado su mujer después de diez años, pero no se le ha movido una pestaña. Ha coincidido con la exposición de sus cuadros y no tenía tiempo que perder. Parece mentira que Proyecto Freissas viva en el mismo mundo que un primo de mi madre. Un escritor de unos cincuenta años, separado desde hace poco, y con tantos desequilibrios emocionales que le incapacitan para la vida. Un absoluto alérgico. Tiene una niña de doce años, y hace unos días yo estaba en casa de la abuela y llamó la niña. Su madre había llamado, no piensa volver a casa, su padre colgó el teléfono, estaba como mareado. Le agarró de la mano y salieron de la casa dejando dentro la cartera y el único juego de llaves. Pedían asilo emocional en casa de la abuela. Refugiados de un mundo donde los que sobreviven son los que controlan sus emociones.

El hombre del tiempo que llevamos dentro

Mis padres viven en Asturias, y no sé si es porque allí llueve mucho, pero la hora del hombre del tiempo es sagrada. No se puede hablar mientras las borrascas se acercan o alejan, y si se pronostica una gran B que se acerca por las Azores a los dos les cambia el estado de ánimo. Siempre les he visto muy preocupados por la meteorología, por eso hace años que he decidido no fijarme nunca en el tiempo que hace. Vivir al margen de un mapa con soles o con paraguas. Una de mis mejores amigas vive absolutamente pegada a sus estados anímicos. Puedo llamarla todos los días y cada día me describe sus borrascas o anticiclones. Le aconsejo una y otra vez que no lo haga, que deje de estudiar cada día su parte meteorológico, que seguramente por algún lado vendrán tormentas.

Trato de olvidar al hombre del tiempo que llevamos dentro, o por lo menos le bajo el volumen para no oírle.

La vida de las cosas

Cuando mi padre no está sentado en su sillón de esquina se queda su forma de tal manera que le ves a él. Cuando me quito los zapatos por la noche y los dejo en el suelo de la habitación, los veo desgastados en el tacón y con la forma exacta de mis pies, casi más pies que mis propios pies. En el viaje que hice a Colombia este verano, el cambio fue brusquísimo, de Madrid a la sierra del fin del mundo, en pocas horas. Pasé un día entero sin darme cuenta de dónde estaba, hasta que al ducharme vi el cepillo de dientes y la hidratante de la cara de siempre apoyados en un cuenco hecho de un coco. Mis cosas eran más yo que yo misma. Y me mostraron dónde había llegado.

Las huellas son más fuertes que los objetos que las dejan.

Anestesiada

Amor N.º 2 volvió con la intención de quedarse, con Madrid y conmigo, una temporada indefinida. Había decidido buscar trabajo, pero los días han ido pasando y cada día le veía más inmovilizado. Sólo leía. Había colocado sus libros en mi biblioteca separando los que quería leer, eran unos nueve, y el montoncito baja a pasos agigantados. Ayer vi que sólo quedaban tres libros. Y ayer me dijo que había decidido volverse. Definitivamente. La noticia fue pura anestesia. No estoy triste, ni enfadada, ni quiero decirle que se quede, ni quiero decirle que lo mejor es que se vaya. Como segundos antes de una operación, estoy anestesiada y no siento nada.

Operada

Supongo que lo peor ha pasado ya. Me acabo de despertar y Amor N.º 2 debe de estar aterrizando en São Paulo, de escala hacia Buenos Aires. La anestesia sigue haciendo efecto, y aunque siento que el dolor está, no llega a manifestarse. La librería está llena de cicatrices, huecos de lo que estaba y ha desaparecido. Hay agujeros en la pastelería Suiza donde desayunábamos y en la esquina en la que me despedía cada mañana para irme al estudio. Estoy en pleno postoperatorio y no es peor de lo que me imaginaba.

Penas caras

El mundo es gigantesco o mínimo dependiendo del dinero que se tenga. Anoche fui al aeropuerto con Amor N.º 2 y trataba de mantenerme lo mas fría que podía. El pensamiento clave era que, si la separación me resultaba muy dura, estaba a 72.000 pesetas de dejar de sufrir. En temporada baja y viajando con Varig o Lufthansa. Aunque no me sobra el dinero, tampoco es una cifra que sea un problema.

En la televisión hay varios programas que unen a parejas o familias que hace años que no se ven. Siempre me ha parecido muy triste. El mundo adquiere proporciones interminables cuando uno no puede pagarse un billete de avión. Hasta para dejar de echar de menos a alguien hay que tener dinero.

Vacaciones de uno mismo

Quiero ordeñar una vaca, sacar a pasear a un perro o que un hombre de mi edad o mayor que yo me invite a cenar. Quiero hacer algo que nunca haya hecho. Necesito vacaciones de mí misma.

Quiero ser él

Ahora que puedo mirar la relación con Amor N.º 2 con un poco de perspectiva me he dado cuenta de que quiero ser él. Le tengo envidia. Con su ética valiente donde lo bueno y lo malo son valores absolutos. Con su amor apasionado a *la chica que me hace sentir un pie de página.* Con los libros que lee y los que quiere escribir. Viajando con casi nada, un vagabundo de diseño, como le llamo. Con su condición de superior basada en no sé muy bien qué, pero que le capacita para recibir mucho a cambio de menos. Le envidio hasta por ser hombre. Siempre que he querido a alguien es porque me hubiera gustado haber sido esa persona, más que por una necesidad de encontrar un complementario. Quiero a Amor N.º 2, pero sé que no es para mí. La anestesia que me autoinyecté hace unos días se llama renuncia. No es fácil renunciar a lo que se quiere pero hace que te sientas fuerte. Tengo ganas de subirme en un avión, de alejarme del suelo. Me quiero ir unos días fuera, como Amor N.º 2.

LONDRES

Invierno

Los grandes almacenes del dolor

Mientras más sofisticado es un país, más huye del dolor. Me di cuenta en Nueva York y me he vuelto a dar cuenta hoy en Londres. He entrado en una farmacia y me han llamado la atención las estanterías de las aspirinas. Había más de ocho tipos de clases para ocho tipos de dolor: musculares por un sobresfuerzo, por comienzos gripales, específicas para mujer, para dolores causados por la falta de hierro... Mientras iba por la calle pensando en los diferentes tipos de aspirina, he pasado delante de una modernísima tienda. Tan moderna que no se sabía qué vendía. Era una cadena nueva especializada en artículos para la espalda. Sillas con motores, sillas especiales para niños que no se sientan correctamente, aparatos pequeños de masaje. Dos plantas dedicadas al dolor. Aquí huyen tanto de él como yo de acordarme de Amor N.º 2.

La calle ataca

Paseaba por la calle buscando un café bonito para comer algo. Cuando estaba ya sentada en el primer sitio, me di cuenta de que además de no tener sándwiches era oscuro y feo; me levanté y me fui. El camarero me soltó una frase desagradable en irónico inglés, un idioma diseñado para parecer gracioso y ocurrente aunque no lo seas. Me pasé horas buscando otro café, estaba despistada y pasaba dos o tres veces por los mismos sitios. Cuando por fin encontré uno, el camarero francés hablaba con un acento imposible y me parecía que todo el local estaba atento a nuestros diálogos de besugos. Hay días que mides diez centímetros de altura y hablas a un volumen imperceptible para el oído humano. Hoy es uno de ésos. Soy insignificante, una partícula de polvo pegada a un semáforo. La calle lo nota, y como me ve con la guardia baja me ataca.

Con cara de dar de mamar

Me paseo por Londres con mi ordenador portátil buscando una esquina donde no me sienta muy observada y pueda escribir tranquila. El ordenador viene en una maletita perfectamente organizada: abres la cremallera y dentro está la pequeña y preciosa máquina envuelta en unos cinturones de seguridad con velcro. Lo saco y me pongo a escribir con cara de estar haciendo algo totalmente natural pero a la vez y paradójicamente no tan común, exactamente la misma cara que se le pone a una de mis mejores amigas cuando da de mamar a su pequeño bebé en sitios raros. Hace unos días fuimos con el niño al pase de unos cortos de cine en el Reina Sofía. El bebé necesitaba comer, y comió en la última fila de la sala. De una manera natural y antinatural. Como yo ahora, escribiendo en el mercado de Camden al lado de un chino que fuma mariguana, y con mi cara de dar de mamar.

La alfombra de pelos

Cuando no tengo pareja me gusta estar con parejas que tienen una buena relación. Del amor de los dos, de la unión de los dos conjuntos, se forma una intersección cómoda y caliente. Como una alfombra de pelos. Cuando hablo con ellos y los tengo enfrente, me da la sensación de que estoy sentada en esa alfombra mágica que ellos han fabricado y la extienden para que sus hijos o los amigos cercanos se sienten. La alfombra de mis padres era bastante incómoda, picaba. No me gustaba estar ahí sentada. Y ya que tengo bastante dificultad en fabricar la mía propia, tengo suerte en poder tener dos o tres alfombras de amigos para elegir. Calientes, mullidas y con pelo. Y me invitan a sentarme.

Llueven escorpiones

Llueven escorpiones que me muerden la cara.
Escorpiones que han salido de los dedos de mis pies.
Y se han evaporado.
Por la fuerza de mi aliento intermitente.
Llueven escorpiones y no dejo de reírme.
Ser alegre no es nada.
Es como tener la voz ronca.
Llueven escorpiones y me dejan afónica.

Un círculo de café en una servilleta blanca

Con Amor N.º 2 he pasado noches enteras sin dormir hablando de libros, de viajes, de otros, de nosotros. Y de todo eso, ¿qué es lo que no me puedo quitar de la cabeza? Cuando me despertaba antes que él y medio dormido me escuchaba correr a toda velocidad por la casa y me decía «Te voy a comprar un disfraz de hormiga atómica». El último día yo estaba en casa mientras él hacía su maleta, cuando ya tenía todo recogido me di cuenta de que se olvidaba uno de sus jerseys favoritos. «El gris, te dejas el gris», le dije mientras me acercaba a él con su jersey en la mano. Cuando se lo di sonreía y tenía los ojos húmedos. Creo que pensó que este pequeño detalle se iba a archivar en su memoria. Cada recuerdo es un círculo de café en una servilleta blanca. Sólo lo importante queda.

Golden Delhi

De vuelta al hotel he parado en un restaurante indio para llevarme la cena a la habitación. El Golden Delhi es bonito, todo blanco más bien parece un restaurante francés, pero los jarroncitos con rosas de plástico lo delatan. Mientras espero a que me preparen la cena para llevar, estoy sumida en mí misma, aislada de los demás por un acento británico al que no estoy acostumbrada; si no estoy atenta no entiendo, sólo oigo un murmullo entrecortado. Me distraigo con un pensamiento deprimente. Pienso en una regla imaginaria que me mide parte por parte todo el cuerpo. Demostrando que todo queda por debajo de la línea recta, más cerca de la tierra que cuando tenía veinte años. Los ojos, la boca, el cuerpo se caen hasta casi cerrarse en sí mismos. El camarero ha abierto la quesera donde me había metido y me ha puesto la bolsa del Golden Delhi en la mano. *La cosa* está a punto de atacar y en lugar de disimular es mejor entregarse a la negrura.

La maqueta a escala

Cuando decidí dejar de trabajar escribiendo anuncios pasé unos años de mucho desconcierto. Era como una cocina con todos los electrodomésticos funcionando pero incapaz de cocinar ninguna receta. Tenía una vida en su máxima potencia y no sabía qué hacer con ella. Diseñadora de zapatos, escaparatista, estilista de cine, reportera de viajes, educadora de mujeres en Guatemala. Pensé incluso que mientras me aclaraba no sería mala idea trabajar en un barco australiano donde necesitaban mujeres. Aún guardo el recorte de periódico. Y mientras tanto empecé a escribir este diario. Cada capítulo era un mueble de una maqueta. Tenía todo el tiempo la misma palabra en la cabeza: proyecto. Tenía un proyecto. Y había estado tan cerca de mí que no lo había visto. Como en esas comedias americanas en que la protagonista se pasa la hora y media suspirando a su mejor amigo por otro hombre, para darse cuenta al final de que su hombre era su mejor amigo. Mi proyecto está cada día más claro, más sólido. Voy añadiendo más muebles e incluso más habitaciones hasta construir una ciudad. Me he comprado un anillo hecho con una tecla de máquina de escribir. Como de compromiso. Tener un proyecto es lo más parecido a ser feliz que he conocido hasta el momento.

Mi querido adversario

No sé si soy extremadamente fuerte o extremadamente débil. Pero sé que necesito estar en continua lucha con los hombres. Midiendo mi fuerza con la suya. Un buen amigo siempre me dice la misma frase antes de la primera cita: «Déjate los guantes de boxeo en casa.»

Amor N.º 2 encajaba y devolvía como ninguno. Me lanzaba argumentos como puños. Tenía fuerza para tumbarme y fuerza para levantarme. No sé si era extremadamente fuerte o extremadamente débil. El día antes de marcharse subieron a mi casa por sorpresa una pareja de amigos. Amor N.º 2 se encuentra mejor entre extraños que entre conocidos. Nos pusimos los cuatro a hablar, él estaba tenso, pero amable, me tenía agarrada la mano y le sudaba. Le quise más que nunca.

El combate con Amor N.º 2 ha acabado ya. Pero a diferencia de otros hombres, mi querido adversario no me ha dejado vacía y agotada. Me siento ágil y en forma para el combate definitivo.

Una vida pensada por un sabio

Somos caníbales con nosotros mismos. Busco la explicación y no la encuentro. Un amigo acaba de ganar una subvención para hacer una película. La alegría le dura una semana. Luego su cabeza no soporta tanta suerte y empieza a buscar argumentos para boicotear el proyecto. No soportamos pasarlo bien. Disfrutamos sólo si las vacaciones son merecidas. Y las siestas los domingos. Si el intentar hacer una película nos ha costado una úlcera, sólo así podemos encajar la situación. Nos comemos a mordiscos nuestro propio placer. Como caníbales.

Quiero estar en deuda con todos los que me rodean. Quiero vivir una vida pensada por un sabio. Y la quiero vivir gratis.

Mordiscos a través del teléfono

Suena el teléfono en mi habitación del hotel. Es mi amiga, la que representa a un actor. Tenía ganas de hablar. De nuevo quiere asesinar a su novio. Ayer salieron juntos con un grupo de actores, parece ser que la novia de uno de ellos tenía unas enormes tetas metidas en una diminuta camiseta de tirantes y fue una noche horrible para mi amiga. Aún no entendía la relación entre mi amiga y el gigantesco pecho de la otra chica.

ELLA: Estaban todos como animales en celo, como perros, como fieras. Era asqueroso verlos; cuando les vi las caras de idiotas estuve a punto de volverme a casa.

ELLA, QUE SOY YO: ¿Estabas celosa porque tu novio la miraba a ella?

ELLA: Odio a mi novio porque siempre me hace sentir que cualquier mujer le gusta más que yo, y además quiero tener esas tetas y odio también querer tenerlas.

ELLA, QUE SOY YO: Pero si tienes unas piernas tan largas como las trenzas de una india. Y si te sirve de consuelo, a mí me gustaría tener tus piernas.

PIERNAS DE TRENZA DE INDIA: Y a mí tener sus tetas.

ELLA, QUE SOY YO: Y a mí tener tus piernas y sus tetas. Adiós *piernas de trenza de india*, no estés triste. Y no mates a tu novio.

Cuando colgué me di cuenta de que también yo quería matar a su novio. Me había contagiado su rabia como mordida por un perro a través del teléfono.

MADRID

Primavera

El uno no existe

Ayer volví a Madrid y cogí el autobús que te lleva desde el aeropuerto hasta Colón. Siempre que vuelvo trato de mirar la ciudad como la vería un extranjero. La entrada es muy importante. Y la llegada a Madrid desde la estación de autobuses es bastante rara. Hay una pequeña oficina de turismo con un cartel gigante de «El tren de la fresa», y folletos e inscripciones para apuntarse a la excursión en tren, que nadie que yo conozca la ha hecho. Mi llegada preferida es la de la carretera de La Coruña con tantos árboles, casas bonitas, edificios de cristal y alguna empresa que instala piscinas y tiene una vacía para que se vea desde la carretera, y que te da idea de estar llegando a una ciudad donde la gente lo pasa bien. Tampoco está mal la estación de Atocha, y es muy feo el Madrid que se ve desde la carretera de Andalucía, con edificios que parece que acaban de ser derruidos por un misil. Y un Madrid de hace tiempo.

A las personas nos pasa algo parecido a las ciudades. Cada amigo te ve de una manera, muchas veces con la idea fija de cuando te conoció. De cómo era tu carretera de acceso. Tengo una amiga a la que veo muy poco porque me agota. Siempre está callada y está acostumbrada a que yo llene hasta el último hueco. Su silencio me hace decir cosas que no querría decir, buscar y rebuscar para darle de comer. Para calentar su congelamiento mental. Ya no quiero ser la persona que ella ve. Nada ni nadie es un uno nada más. Y ya que puedo elegir me quedo con el Madrid de la carretera de La Coruña y con los amigos que me ven como ahora soy.

Mejor loco que mediocre

Ayer grabé un anuncio para La Casera con un cantante muy bueno. Pero nada más entrar por la puerta empezó a decirnos que no sabía si iba a poder grabar porque estaba con el corazón destrozado por una mujer, y además llevaba toda la semana tomando éxtasis y tenía lagunas mentales, y por si fuera poco había descubierto que era una mierda como cantante. Confundía nuestros nombres y al ingeniero de sonido estaba empeñado en llamarle Soraya, como se llama nuestra secretaria. Después de la primera toma el cantante loco se acercó al control donde estábamos con el cliente para decirme que su voz daba asco, que ya me había avisado que no valía para nada. Que era una basura y que ésa era la última grabación que hacía en su vida. Después de cinco intensas horas de trabajo y terapia conseguimos una toma casi perfecta. Al acabar me quedé charlando un ratito con el cantante. Parecía otro, estaba tranquilo, no decía incoherencias y me pedía perdón por sus nervios. Era tal su terror al fracaso que prefirió pasar por loco que por mal cantante. Mejor loco que mediocre.

Atravesando la cara con un cristal

Hace un mes que Amor N.º 2 se ha ido. Nos comunicamos por correo electrónico, donde en palabras quedaba sólo lo bueno de nuestro amor. En el mensaje de hoy, cuando yo ya estaba en sábado y él aún en viernes, me ha dicho que quiere volver. Que quiere volver. La noticia ha sido como atravesar la cara con un cristal. De un lado Amor N.º 2 y nuestra relación tan irreal como sin futuro, y al otro lado del cristal el mundo real del que tantas veces huyo. Para no tener que ser yo la que dijera que no, secretamente esperaba un mensaje donde me dijera que había vuelto con *la chica que me hace sentir un pie de página*, pero no ha sido así. Él quiere volver a no sé muy bien qué y a mí me da miedo un tropiezo más. Estoy cansada de costras, señales y cicatrices. Estoy preparada para atravesar la cara con un cristal y saltar al otro lado. Por mucho que duela.

El mártir

Tengo una fuerza nueva, recién nacida. Llevo un tiempo preguntándome de dónde podía venir, y poco a poco lo estoy descubriendo. Sale del teclado del ordenador. Las letras, las palabras de este diario son mis piedras. Cada hoja escrita es una sábana donde descansar. Cada capítulo es un mártir que sufre para que yo deje de hacerlo. La memoria del ordenador se llena de todo lo que me molesta y no sabía dónde colocar. Recuerdo mi imagen hace pocos años y me parece mentira. Me veo como un demonio de Tasmania en agitación constante, teniendo que compartir mis pensamientos más íntimos con aproximadamente cuarenta personas que seguían mis avatares como quien sigue un culebrón. Recuerdo un día después de haber presentado una composición musical en una agencia de publicidad, me quedé en el despacho con seis o siete de mis clientes, prácticamente desconocidos. Empezamos a charlar y yo les relaté mis aventuras con diferentes amores. Haciendo de mi vida un espectáculo. Cortándome en pedazos y como una malabarista jugando con mis entrañas. Y todo por la imposibilidad de tener la boca cerrada. Era una presa que continuamente se desbordaba. Hoy estoy aprendiendo a escupir, lanzo letras todo lo lejos que puedo. Y me estoy convenciendo de que la vida es un gran tópico. La solución no era un arquitecto francés con jersey de pico con el que empezar una nueva vida en el lejano Pakistán. La curación está en el abecedario.

Reparación urgente

Puedo decir que mi edad del pavo se ha prolongado, aproximadamente, hasta los veintitantos años. Durante todo ese tiempo el sexo y la vergüenza, ajena y propia, iban unidos. Después del primer beso veía en los hombres defectos extrañísimos como tener los pies de madera o la cabeza de papel. Y cuando un chico me tocaba me parecía que mi cuerpo se convertía en carne de ballena. Ante cualquier imperfección íbamos los dos a la horca. Una risa fuera de tono, un comentario estúpido, cualquier detalle convertía el sexo en un espectáculo de circo. Era una adulta y buena profesional que se convertía en una torpe adolescente con granos y aparato en los dientes cuando tenía un hombre enfrente.

Parece que aún me estoy acomodando a mi primera regla, cuando ya se me está haciendo tarde para tener un hijo. Ahora estoy desmontándome y tratando de repararme con máxima velocidad y precisión para no arrepentirme de nada en el futuro. Tengo a todos los operarios trabajando en esta máquina con el sello de urgente. Y pagando recargo.

El sótano de dos

No hay cosa más rara que oír a una pareja discutir. Normalmente no se habla de lo que parece que se habla, hay un lenguaje secreto de segundas, terceras y hasta cuartas intenciones que sólo ellos conocen:

Ella dice que está cansada y no quiere ir al cine. De pronto eso es un drama para él. Pero realmente no está cansada, sino que anoche él salió con un amigo y llegó más tarde de la cuenta. Como reconocer esto le parece ridículo, prefiere vengarse de él y no ir al cine. Él a su vez se da perfecta cuenta de la jugada, pero en lugar del ataque frontal dice que ella miente y lo que le pasa es que no le gusta que él elija la película siempre. Esta táctica de descoloque le pone tan nerviosa que suele ceder. Y una vez más cede y dice que va a hacer un esfuerzo para ir al cine, y empiezan a elegir película de nuevo.

Él tacha en la *Guía del Ocio* las que se niega a ver y deja tres para que ella elija. Cuando ella las ve se da cuenta de que en las tres actúa alguna actriz de las que a él le vuelven loco. Esto le recuerda la extraña tardanza de anoche, se pone celosa, y ataca diciendo que tiene un gusto horrible para el cine. Ella quiere ver algo de cine europeo en el Alphaville. Que traducido a su lenguaje secreto es algo así como: «Fíjate en mi buen gusto, no como el tuyo, vulgar y simple», que ella le lanza para combatir su rabia por lo mal que lo pasó ayer esperándole hasta tarde.

Desde fuera es una pareja discutiendo de tener sueño y no querer salir y de cine americano o cine europeo, pero en su sótano hay otros asuntos. Una pareja son dos personas diciendo cosas diferentes de lo que en realidad quieren decir.

Tengo en mi habitación colgados varios diplomas en discusión, medallas e incluso alguna copa de primer premio.

No

La chica que se paseaba en calcetines por mi apartamento de Nueva York lleva un mes mandándome correo electrónico para decirme que quizá en abril pase unos días por España. Nunca me hice realmente amiga suya y llevaba varios días ensayando el decirle que no por si sugería quedarse en casa. Recreé cualquier opción para que no me pillara desprevenida.

Conversación telefónica tipo A:

ELLA: Pasaré por Madrid a trabajar en unos diseños para una empresa española de telas, ¿qué te parece si me quedo en tu casa?

ELLA, QUE SOY YO: Mira, mejor no... Mi casa nueva tiene una distribución rara y no tiene nada de independencia... Aquí no vas a trabajar bien... pero te voy a buscar un buen sitio.

Conversación telefónica tipo B:

ELLA: Pasaré por Madrid para verme con mi novio que viaja desde Berlín, ¿qué te parece si nos quedamos en tu casa?

ELLA, QUE SOY YO: Mira, mejor no... Mi casa nueva tiene una distribución muy rara y no tiene nada de independencia... Aquí no vais a estar bien... pero os voy a buscar un buen sitio.

Conversación real

ELLA: Hola, ¡qué bien hablar contigo! ¿Recibiste mi *e-mail*?
ELLA, QUE SOY YO: Sí, sí, sí.
ELLA: Mira, te llamo con tarjeta... Espero que no se corte, ¿Qué te parece si me quedo en tu casa?
ELLA, QUE SOY YO: Sí, sí, sí. Claro que sí.

Okupas en el estómago

La chica que se paseaba en calcetines por mi apartamento no vino sola. Llegó con su novio. Ahora son dos los que se pasean en calcetines por mi casa. Les veo relajadísimos, parece que la que estoy de visita soy yo. Ayer les dije que tenía trabajo y llegaría tarde, y me fui al Vips a leer revistas. Volví cuando ya estaban dormidos. Estoy todo el tiempo con la sensación de estar aguantando la respiración. Es ridículo estar tan tensa. Sé que no es para tanto. Me entran tentaciones de inventarme un viaje e irme a dormir a un hotel. Pero me parece demasiada estupidez. Esta mañana, mientras dormían, no me he atrevido a hacer café porque mi cafetera hace mucho ruido. Cuando están en casa me veo en la obligación de estarles hablando todo el tiempo, proponerles planes o hacerles un resumen de la historia de Madrid. Seguro que ellos sólo quieren que les deje arrastrar sus calcetines tranquilamente. Tengo okupas en el estómago y para la próxima vez o me relajo o me compro un libro de *Aprenda a decir que no en una semana*.

Un palacio en una cárcel

Un condenado a cadena perpetua dedica sus horas a diseñar un palacio en su cabeza.

Teje alfombras de lana. Cuelga lámparas de araña. Y papel higiénico con escudos.

Hace tiempo estuve en la cárcel. Más que el condenado a cadena perpetua.

Entregué mi reloj, mi almohada y mi disfraz de sirena.

Me quedé hueca pero sin espacio.

Rellena de goma espuma.

Y ni siquiera me quedó sitio para la llave.

El microscopio del amor

El teléfono de mi casa es la centralita de un consultorio sentimental. Ayer diseccioné con la ex novia de mi hermano la confusa relación con *el chico triste del mastín.*

Ella me decía con voz nerviosa: «Estoy hecha un lío. La última vez que nos vimos él me dijo que me llamaría pero pasaron ocho días y tuve que llamarle yo. Quedamos en su casa, estaba leyendo el libro que yo le regalé y se había comprado otro del mismo autor, no hablaba casi y yo tenía ganas de salir corriendo. Le pregunté si le apetecía venir conmigo a una boda que tengo el sábado, y se puso blanco de lo terrible que le pareció el plan. Le dejé dos entradas que me dieron en el despacho para una subasta de antigüedades que creí que le iban a interesar; esperaré a ver si me llama para ir con él. Ni siquiera nos besamos, pero al despedirnos me dio uno de sus extraños abrazos, que no sé si me dicen te amaré toda la vida o desaparece de mi vista que me estás ahogando.»

Las mujeres nos instalamos el programa del amor con alguien y funcionamos al instante. Intuimos rápidamente, o nos inventamos rápidamente lo que una relación puede dar de sí. La ex novia de mi hermano cree de verdad que podría llegar a casarse y tener hijos con *el chico triste del mastín* que conoce hace veinte días. Sus reacciones tienen por detrás un

«¿Cómo puedes estar ignorando de esta manera a la madre de tus hijos?».

A los hombres les tarda mucho más tiempo en bajar el programa. Para *el chico triste del mastín* la ex novia de mi hermano es una chica maravillosa que conoció hace veinte días, y que aún no sabe si quiere verla mucho más porque no tiene ganas de comprometerse con nadie. Nota una presión que no le gusta sentir, no la conoce casi y no le gusta que ella le haya regalado tantas cosas, le hace sentirse torpe.

Ella camina como un cabezudo de pantalón de rayas y él como una *geisha* de pasitos diminutos. O él decide subirse a unos largos zancos o ella se venda los pies.

El hombre que aplasta cucarachas

Mi amiga, la que da de mamar a su bebé en sitios raros, se enamoró hace muchos años y aún lo está. Han vivido juntos muchas vidas en la misma, y él ha hecho por ella todo tipo de heroicidades de caballero del siglo XXI. Pero nunca le he oído hablar tan apasionadamente de él como cuando me contó el episodio de la cucaracha. Un día apareció una cucaracha dentro de sus zapatillas rosas, y él de un salto cogió el bicho y lo aplastó con la mano. Me lo contaba emocionada, este gesto de Tarzán le encantó. Se despertaba cada mañana al lado de un hombre que aplasta cucarachas con la mano, y supongo que esto le hacía sentirse segura. Leí en un artículo la importancia de los rasgos de la cara en la atracción entre hombres y mujeres; las cejas anchas en los hombres resultan atractivas porque son símbolo de buen cazador. Durante la cacería las cejas servían como barrera protectora para que el sudor no bajara a los ojos y perturbara la visión. Cuando Amor N.º 2 me decía que era bueno eligiendo perros me imaginaba a sus antepasados escoceses organizando cacerías con cornetas, caballos y setters. Y me gustaba.

Balas apuntando al objetivo equivocado

Cuando me paran en la calle para pedirme una firma o rellenar un cuestionario, me pongo muy desagradable. Soy capaz de hacer por amigos o conocidos los favores más pesados con tal de no quedar mal, pero no doy treinta segundos de mi tiempo a una encuestadora. Me pongo furiosa, les miro con cara de ira como si me hubieran pedido algo tremendo. Hoy me ha vuelto a pasar y me he vuelto a sentir ridículamente mezquina. No hay manera de engañar, alguien tiene que pagar las propias incapacidades. No se disuelven, simplemente se desvían como balas apuntando al objetivo equivocado. Si pusiera mejor mis límites con los que me rodean, podría reconciliarme con el gremio de las encuestadoras. Y dejar de ser un demonio para ellas.

Un día a la basura

Ayer salí, bebí y me he acostado a las ocho de la mañana. He tratado de dormir durante el día pero me cuesta mucho. Tengo resaca y huecos en varios puntos del cuerpo. La sensación de resaca va unida a una paranoia sobre la noche anterior. Siempre hay algo que he dicho y no quería decir a alguien que pienso que no he tratado bien. Y las frases y personas que me martirizan se pasean por mi cabeza como fantasmas. Hoy es un sábado de primavera muy bonito y brillante, pero estoy hecha una piltrafa, hay demasiada gente en mi cabeza y no puedo concentrarme en nada. Llevo toda la semana esperando a que llegue hoy y directamente el sábado y yo estamos para que nos tiren a la basura.

Siempre

Siempre.
Siempre.
Siempre.
Siempre.
Todo acaba en siempre donde siempre
ha empezado.
Lanzo oraciones
para que siempre
termine
para siempre.

El refugio

Hoy es domingo y aún no me he recuperado de la noche del viernes. Me encuentro débil y asustada con una mano presionándome el pecho hasta casi dejarme sin aliento. La sensación de desconcierto se repite siempre. Repaso la lista de amigos con los que puedo hablar, pero decido no llamar a ninguno. Ir al cine, pasear, comer, dormir, nada de esto sirve. Sólo hay un consuelo por encima de los demás. Un libro. Parece increíble el calor que puede llegar a dar algo tan material como el papel. Me tiro de cabeza dentro de la vida que quiera. A veces me ha dado la impresión de que los libros atravesaban esa cuarta dimensión de la que se habla. Como si las tapas tuviesen la posibilidad de tocar el otro lado. Me voy a meter en un libro y no voy a salir de allí en lo que queda de domingo. Me voy a meter en cualquiera que no sea yo misma.

Te voy a comer a besos

«Te extraño y ando por cornisas», me ha dicho. «Voy a volver y te voy a comer a besos.»

Acertar equivocándose

Tengo mucho que aprender de los electrodomésticos. Máquinas prácticas. Dos palabras que siempre van juntas: electrodoméstico y práctico. Pienso qué quiere decir ser una persona práctica porque últimamente oigo esta palabra revolotear a mi lado y no estoy segura de entender en profundidad su significado. Pero sé qué es no serlo: echar de menos a Amor N.º 2 y querer que vuelva, que vuelva a comerme a besos. Estaba pensando en electrodomésticos y esas cosas cuando he abierto un libro de citas y he buscado la palabra *práctico*. He encontrado esta frase de Pessoa: «La vida práctica siempre me pareció el menos cómodo de los suicidios.» Es una curiosa señal que en este momento me viene muy bien para agarrarme a ella y pensar que no se está tan mal no siendo práctica y queriendo que Amor N.º 2 vuelva. De nuevo el abogado defensor y el fiscal de mi cabeza se pelean por tener razón. Al final no sé a cuál de los dos voy a hacer caso. De lo que estoy segura es de que la opción que elija la defenderé a muerte. Y de pronto descubro que ésta es otra manera de ser práctica, elegir la opción menos práctica pero aceptarla con todas las consecuencias. Sin un solo hueco donde quepa una duda. Esto es acertar equivocándose.

Clavos ardiendo debajo de un camisón de seda

Ayer trabajé casi toda la noche grabando un anuncio y hoy me he levantado tarde. Estoy agotada y no quiero ir a trabajar. Es martes y en el estudio deben de estar recibiendo muchas llamadas tratando de buscarme. El teléfono y el móvil están desconectados pero yo no consigo estarlo. Alguien ha llamado al portero automático, pero no he abierto.

Tengo la sensación de que hay doce generales de las SS siguiendo mi rastro. Empujan puertas con sus botas y sus dobermans y no pararán hasta encontrarme.

Llevo puesto mi camisón favorito de seda verde y tirantes, debajo de él arde la culpabilidad. La misma que me arrastraba al colegio con treinta y ocho de fiebre. Es más fácil hacer de una niña-salvaje una mujer responsable que de una niña-monja una mujer libre. Necesito un tratamiento de shock. Arrancarme los clavos y construir con ellos un ataúd. Y enterrarlo en lo más profundo de la tierra.

Fácil

Hace años que voy al mismo estudio de sonido para radio porque allí me siento muy cómoda. Me encanta ver trabajar a su dueño. Trabaja al mismo ritmo que los demás publicitarios pero la diferencia es que a él no se le nota. Se desliza por su mesa de mezclas como un patinador sobre el hielo. Diez minutos en su reloj es una eternidad. Todo lo hace fácil.

Cuando estoy trabajando me doy cuenta de que empujo mentalmente cualquier cosa que hago, aunque esté totalmente fuera de mi control: que la cantante afine, que el guitarrista toque bien o que al cliente le guste la música. Acabo agotada.

Las cosas deben de ser más fáciles de lo que a mí me parecen. Ir de copiloto en un viaje Madrid-Sevilla no quiere decir que me tenga que pasar todo el camino frenando, metiendo tercera o esquivando curvas. Puedo incluso ir dormida y vamos a llegar igual.

«No tengas miedo. Si esto es morir, es bien fácil.» Esto es lo último que el escritor Stevenson le dijo a su mujer. Si morir es fácil, también debe de ser fácil vivir. Es un consuelo.

Rozando la gloria con la pluma del sombrero

Esta tarde he estado organizando mis papeles para Hacienda y he pasado tiempo en la tienda de fotocopias. La chica que iba delante de mí estaba fotocopiando guiones de cine. Se notaba que ya había ido varias veces a hacer fotocopias y la conocían. Debía de ser asistente de producción o algo parecido. Las chicas de la tienda le estaban haciendo un interrogatorio, y ella contestaba encantada tratando de encontrar datos de los guiones que pudieran impresionar a las dependientas. Les hablaba del *casting*, de tal actor o tal actriz, de lo caros que iban a ser los decorados, del estreno. No creo que el propio guionista o el director sintieran la gloria tan apasionadamente como la fotocopiadora de guiones. La fama tiene muchos lados molestos. A veces disfruta más la abuela del artista, su peluquera o incluso la fotocopiadora de guiones que el propio artista. A veces es mejor rozar que tocar.

Rozar con la pluma del sombrero.

Disfrazada de gallina Caponata

Hay un anuncio inglés de tabaco que siempre me ha hecho mucha gracia. El protagonista del anuncio se confunde de fiesta e irrumpe en el salón de una casa muy seria vestido de gallo gigante, pensando que era la fiesta de disfraces a la que estaba invitado.

Durante los años ochenta mi grupo de amigos vivió una vida de juerga continua que era lo que tocaba. Yo viví esos años a media jornada porque ya trabajaba en publicidad y no tenía tiempo para nada. Ellos tenían grupos de música, viajaban, se emborrachaban y se divertían mientras intentaban, sin conseguirlo, que me uniera a su historia. Ya hace años que dejé mi trabajo en una agencia. Y ahora intento recuperar el tiempo perdido, pero reconozco que a veces me siento disfrazada de gallina Caponata. Irrumpo en casa de mis amigos proponiendo viajes inesperados y noches de acción, y me responden con un «Por favor, habla bajito que vas a despertar a los niños».

Con un periscopio en la cabeza

Como un periscopio que sale del mar buscando vidas ajenas. Así he vivido muchos años. Saliéndome de mí para buscar defectos que corregir o alguna que otra carrera artística a la que poder empujar. Y donde ha sido siempre mas fácil usar el periscopio ha sido en la pareja. Con Amor N.º 3, que era músico, viví más de tres años. Cuando trabajaba en casa yo paralizaba cualquier cosa que estuviera haciendo, incluso mi propio trabajo, para convertirme en su sombra. Le seguía por toda la casa, escuchándole, metiéndome en su guitarra para perderme. Le aconsejaba sobre las letras, sobre las melodías, las portadas, me llenaba y me vaciaba en él. Cualquier cosa con tal de no pensar en mí.

Durante años confundía la soledad con no tener mi periscopio apuntado hacia ningún objetivo. Ahora soy especialista en detectar periscopios en los demás.

Iluminados con forma de niño

Cuando mis hermanos y yo éramos pequeños tuvimos durante años el mismo juego. Mientras desayunábamos, que solía ser a los pocos minutos de despertarnos, teníamos que intercambiar nuestra contraseña. Fue la misma aproximadamente durante dos años. Mi hermana mayor decía «C/ Aragón»; yo, «244 Barcelona»; el siguiente decía «800» y el pequeño decía «gramos». «C/ Aragón, 244 Barcelona. 800 gramos.» Eso es lo que ponía en la parte de abajo de la etiqueta del Cola-Cao. Estábamos medio dormidos y ésta era la llamada a la tierra. Era la señal que te decía que una mañana más estabas vivo. Como si cualquier noche algo pudiera hacer que desaparecieras y no volvieras a ver la cara de tus hermanos nunca más. La inocencia de los niños es no creerse del todo que están vivos. La infancia más que una etapa de la vida es un estado mental. Como si hombres iluminados hubieran tenido que elegir alguna forma humana y hubieran decidido reencarnarse en niños. Cuando paso días seguidos con mi sobrina y le saludo todas las mañanas con un «Buenos días, María patata fría», me mira contentísima de que yo sepa qué hay que hacer para traerla del otro lado.

La trampa de tela

Llevo dos días cansadísima, tratando de recuperarme de todo el trabajo de la semana pasada. Ayer por la tarde no fui al estudio y hoy viernes también va a ser un día tranquilo. He mirado la cama de reojo, tan blanca y pura, y de fondo han sonado alarmas y violines desafinados, una banda sonora que indica el peligro en una película de terror. Creo que si a las doce de la mañana del viernes me vuelvo a meter en la cama no me levanto hasta el lunes. La cama es una madrastra guapa y blanca que te acuna mientras lentamente te envenena. He pasado épocas enteras con las sábanas enredadas en mis piernas, como cepos que paralizan y atrapan.

Me paso el día en lucha conmigo misma pensando que quiero escribir y no tengo tiempo suficiente. Pero no es verdad, la actividad avanza en progresión geométrica. Mucha actividad genera la capacidad de tener más actividad. Al final puedes con todo. Y lo mismo pasa con el descanso. Cada vez quieres más. No quiero parar. No quiero volver a caer en la trampa de tela.

Mi madre

Amor N.º 4 tenía la cara muy delgada y mi madre le llamaba «cara esquina». Todos sus amigos tenían mote y ahora también lo tienen los nuestros. Mi madre tiene un hijo director de cine, un marido y un hijo empresarios, una hija fotógrafa y otra escritora. Mi madre tiene talento para hacer bien cualquiera de las cuatro cosas. Pero le tocó cocinar, en particular macarrones con tomate, que encima le salían horribles.

Lecciones aprendidas con alfileres

Esa frase fue un *hit* en mis años de colegio, la odiaba por lo profundamente que me tocaba, era aún pequeña pero sabía que daba en lo más genuino de mi personalidad. Parecer que sé sin saber nada. Por eso elegí ser publicitaria, una profesión donde acabas sabiendo un poquito de muchas cosas pero de nada en profundidad. Un poquito de créditos para las pymes, un poquito de la composición de una hidratante de noche y otro poquito de servodirección. Llevo tiempo intentando profundizar en algo concreto y me siento incapaz. Me gusta la palabra especialización. Expertos en sánscrito o en la fotosíntesis, da igual el tema. Pero hay una dirección única. Me encanta entrar en una casa y sin conocer al dueño saber que hay algo que le gusta por encima de lo demás. Tengo un tío que colecciona pipas y otro que colecciona autómatas. La idea de coleccionar algo nunca me ha gustado, pero creo que estoy empezando a ver otro significado. El de rodearse de una sola cosa, repetirla una y otra vez hasta hacerse experto en ella.

Quiero tener proyectos propios, encontrar a un hombre, tener un hijo, y elegir una ciudad que me guste para vivir. Trataré de no seguir aprendiendo lecciones con alfileres. Dejaré de revolotear.

Café amargo

Hoy he entrado en un bar pequeñito a tomar un café. Una señora mayor muy elegante hablaba con el cocinero, que estaba apoyado en el borde de la puerta de la cocina con un mandil gigante de cuadros azules. Se notaba que la señora elegante era cliente habitual, la conversación había empezado antes pero he llegado a la parte importante:

SEÑORA ELEGANTE: Ramón, ¿cómo está tu madre?... ¿Sigue mejorando?

COCINERO RAMÓN: Mi madre descansa desde el domingo.

Después de un espeso silencio de cuarenta y cinco segundos la señora elegante pudo articular un «Lo siento». Ramón se quedó pegado a la puerta y a su delantal esperando frases de consuelo, un poquito de protagonismo que le hiciera sentirse importante, que es de las pocas ventajas que tiene la muerte. Pero nada, la mujer estaba muda y enfadada. No le había gustado la noticia de una muerte a la hora del café, hasta le estaba dando asco acabárselo, tragaba y aleteaba.

La señora elegante parecía estar pensando que el cocinero Ramón había tenido muy poco tacto con ella, esas cosas de morirse se callan o se disimulan.

Los vivos nos avergonzamos de los muertos. Y algún día alguien se avergonzará de nosotros.

Domicilio desconocido

Desde que me he cambiado de casa me he ensanchado por dentro. Estaba comprimida en un espacio demasiado pequeño con los planes y las ideas aplastados por la mesa del comedor. Aquí tengo espacio de sobra, pero aun así me paso las horas tirando tabiques e imaginando nuevas distribuciones como si estuviera construyendo el interior de una persona. Me gustan mucho los libros de arquitectura y los planos y las maquetas y la profesión de arquitecto. Cualquier cosa es arquitectura, todo pasa por tener una idea, proyectarla y construirla. Pero además ellos hacen casas, que es un poco como hacer personas. Me gusta vivir donde ahora vivo, pero continuamente imagino cómo será el próximo sitio. Estaría de mudanza continua. Volviendo locos a los carteros y perdiendo de vista las multas. En domicilio desconocido.

No es bueno pasar muchos años rellenando impresos con la misma dirección.

Enfermos de pudor

La ex novia de mi hermano ha llamado al servicio de urgencia de mi consultorio sentimental. Ha pasado la noche con *el chico triste del mastín:*

—No puede ser, ha sido maravilloso, pero no sé qué pasa, no puede ser. Por la mañana ha pasado algo horrible. Es difícil de explicar, pero para mí ha sido horrible. Anoche todo fue perfecto, no tenía ni idea de que él supiera cocinar. Me hizo cocochas y bebimos champán con licor de cassis, metidos en su habitación, vive con su hermana. Nos gusta la botánica y dormimos sin almohada, qué coincidencias. Por la mañana ha llegado lo malo. La casa estaba en silencio, estábamos tumbados en la cama envueltos en la sábana y me ha empezado a sonar el estómago. Los dos nos hemos quedado aterrados. Nunca me ha sonado el estómago de esa manera. Ninguno de los dos podíamos bromear. Estábamos congelados. He reptado hasta mi ropa y me he disculpado con una comida familiar. Sé que no me va a volver a llamar.

—¿Por los ruidos del estómago? —intervengo por primera vez.

—Sí, por eso te decía que es difícil de explicar. Estamos demasiado nerviosos, nada fluye. Cuando estoy con él me gustaría no tener cuerpo. Me avergüenzo de todo. Sé que no me va a volver a llamar.

—¿Por los ruidos del estómago? —le volví a preguntar asombrada.

—Sí.

Ella es EE.UU.

«Estoy cansada de que todos mis amigos sean más jóvenes que yo —me dice una amiga—. Cansada de escuchar los problemas del primer trabajo, la primera separación y el primer embarazo.»

Tiene razón, ella es un poco Estados Unidos porque todo le pasa una década antes.

Fiebre

He pasado una noche agitadísima soñando con bebés sabios que me hablaban. Y me he dormido con la televisión puesta. En mitad de la noche me he despertado y, dormida, estaba componiendo una canción, cosa que no he hecho en mi vida, y cantándola en voz alta. Hoy es sábado y no he puesto el despertador, pero veía de reojo cómo los cuartos y las medias pasaban en cada abrir y cerrar de ojos. Tenía la cabeza de cemento pegada a la almohada. Por fin he salido de la cama con la sensación de ser más alta que ayer o por lo menos veía el suelo a más distancia. No entendía qué me podía estar pasando. El termómetro ha marcado 38 °C. Tengo fiebre. El cuerpo se calienta y derrite los pensamientos, que se deforman hasta convertirse en figuras de espejo de parque de atracciones.

Me acuerdo de un día que estaba cuidando a mi hermano pequeño, yo tendría unos trece años y él seis, tenía mucha fiebre y deliraba con una rara lucidez. Me dijo que tenía una hermana como yo pero que no era yo, que vivían en una casa de madera con muchas vacas y hierba verde en un lugar del mundo que se llamaba Luria. Me parecían demasiados detalles para un niño de seis años. Me daba la impresión de que la fiebre le hacía bucear en algo muy antiguo y sacaba recuerdos como peces antediluvianos. Hemos hablado muchas veces de la anécdota de Luria, y él ya lo acepta como si realmente hubiese vivido allí alguna vez. Puede ser que delirar sea un estado más lúcido de lo que parece.

La semana de la duda en El Corte Inglés

Cuando uno pasa una buena racha sabe la causa, pero la situación es mucho más confusa cuando se está mal. Es más fácil detectar por qué uno es feliz que por qué no lo es. En los últimos meses de Nueva York y los primeros de vuelta a Madrid me merecía una estatua dedicada a la confusión. Cada semana tenía la culpa algo diferente. Así hubieron distintos temas a los que dedicar la semana: la semana de culpar por todos mis males a mis padres; la semana de encontrar una nueva profesión; la semana de la culpa la tiene elegir a hombres equivocados; la semana de los vampiros; la semana de la tensión profunda acumulada trabajando en publicidad; la semana existencialista; la semana del fin del milenio. Había programación como para un año de dudas. Ahora creo que la clave para las dudas es no tratar de despejarlas, dejarse envolver por ellas como dentro de un tornado que sabes que no va a durar para siempre.

Voy a talar un árbol para ti

AMOR N.º 2: ¿Cómo estás, *hormiga atómica*?
ELLA, QUE SOY YO: Un poco dormida.
AMOR N.º 2: ¿Qué hora es allí?
ELLA, QUE SOY YO: Las nueve de la mañana.... y allí las cuatro... Qué poco duermes... ¿Has revelado ya nuestras fotos?
AMOR N.º 2: Hasta ahora no he tenido dinero, pero mañana voy a talar un árbol del vecino.... y con lo que me pague las voy a revelar... Para que las tengas.

A veces me parece que Amor N.º 2 no es de verdad, que se ha escapado de alguna novela. De nuevo tengo que separar la fascinación del amor. Como cuando era pequeña y me sentaba en la cocina viendo cómo separaban piedritas negras de las lentejas. Tengo que tener la cabeza fría y reconocer que hay más fascinación que lentejas.

Arrancándome el anzuelo

Os he descubierto.
Llevabais años tratando de darme pena.
Y lo conseguíais.
Pero ya no me trago más el anzuelo.
Unos ponen las lágrimas y otros el pañuelo.
Ya estoy cansada de oíros llorar.
Sois expertos en el arte de convertir la vida en una tragedia y todos debemos entregaros flores que alegren un poco vuestro drama.
Os he descubierto.
No es muy honrado conseguir que os quieran por vuestras miserias de plástico. No es muy honrado usar a la gente de contenedor de basura.

Me teníais cogida por las branquias. Tirando de la caña un poco más cada vez. Pero me he quitado el anzuelo.

Si me queréis de verdad, queredme más libre. Y si no, buscaros otro besugo.

Pistolas para los guardias

A las 11.30 de la mañana me he acercado a comprar un bocadillo de jamón con tomate y una Coca-Cola a la tienda de la esquina del estudio. Estaba esperando a que me cobraran cuando han entrado tres guardias civiles, ellos deben notar que por mucha cara de amables que pongan siempre se trata de coincidir con ellos lo menos posible. Antes de que me devolvieran el cambio ya estaban pidiendo y no entiendo muy bien por qué pero hablaban altísimo. Se han debido de fijar en mi cara de sorpresa oyéndoles pedir a gritos: «Tres pistolas, por favor. Tres pistolas abiertas.»

Parece un mal chiste pero es lo que ha pasado hoy a las 11.30 de la mañana.

El último eclipse del milenio

Anoche oí en la radio que pronto se vería el último eclipse del milenio y me ha sonado a frase escuchada una y mil veces. ¿Cómo puede ser que algo supuestamente tan único suene a tantas veces escuchado? Y es que el último eclipse se confunde con el último cometa, con la mayor lluvia de estrellas de la década y cuando Marte pasó más cerca de la Tierra. De tanto querer hacer fechas históricas éstas pierden el sentido histórico. Más de una vez he viajado a Cádiz para buscar un poco de sol en el mes de mayo y he comprobado asombrada cómo se pasan tres días diluviando. Cada vez que lo he comentado con alguien de la zona, «¡Qué raro esta lluvia en pleno mayo!», me han contestado: «Rarísimo... Hace unos diez años que no recordamos un mayo así.»

Con las lluvias históricas me pasa lo mismo que con el eclipse del fin de milenio, y con mis no más *diezañosmenos.* No me lo creo.

A CIENTO VEINTE REVOLUCIONES POR MINUTO

Vuelven las taquicardias y vuelven las interminables listas:

- Hora de vuelo de Roy.
- Piscina.
- Hacienda.
- Llamadas: Sol, Asturias, Cristina y Pedro.
- Reclamar móvil.
- Transferencia agosto.
- Beber agua.
- Buscar escrituras.
- Titulares guión.
- Vitabolic.
- Teñirme pelo.

ATRAPADA EN LO MINÚSCULO

99 arañas es el título de la página *web* en la que me he quedado atrapada. Estaba concentrada en el fondo amarillo chillón de la página y pensando en mil cosas diferentes al mismo tiempo. Tenía prisa y quería salir y buscar la información que necesitaba. Daba a la tecla de retorno una y otra vez, y una y otra vez volvía a salir el color amarillo chillón. Como soy torpe manejando el ordenador tenía la impresión de estar haciendo algo mal, me creí incapaz de salir de la página yo sola. Empecé a respirar hondo, a bufar, incluso a sudar. Parecía mentira pero estaba sintiendo claustrofobia. Tengo tendencia a que me tumben enemigos minúsculos, pero nunca me imaginé que pudiera conmigo una página *web*.

Rollitos de primavera con peligro dentro

De pequeña tenía un juego que me encantaba. Se llamaba Glastic y servía para fabricar objetos de metacrilato. Andaba por toda la casa en busca de cosas e insectos para fosilizar. Por lo que ponía en las advertencias parecía que estabas manipulando material radiactivo; detrás de ellas se escondía un fabricante estafador que se quedaba tranquilísimo con poner un rectángulo negro en el lateral de la caja para avisar a los niños de los peligros del juego. Lo retiraron en menos de un mes.

El novio de *la chica de piernas de trenza de india* le advierte continuamente que le cuesta mucho ser fiel, pero eso no le convierte en alguien más honesto. Tampoco el tabaco es menos perjudicial porque te avisen en la cajetilla. Las advertencias son la defensa de los cínicos. Rollitos de primavera con peligro dentro.

Punto de encuentro

Hay un pequeño trozo de mundo donde se citan personas que se quieren ver. Es el punto de encuentro de un aeropuerto. Se encuentran para siempre o se ven durante unas horas entre vuelo y vuelo. El que llega primero espera nervioso, se distrae escuchando la megafonía de fondo que nadie consigue entender, ni siquiera cuando se habla en su idioma, y se confunde continuamente pensando que cualquier pasajero que aparece con maletas es la persona que se espera. En ese pequeño trozo de mundo he esperado hoy a Amor N.º 2 durante dos largas horas. Él llegaba de Buenos Aires a las 14.00 y yo salía hacia Menorca a las 16.15, para pasar allí cuatro días. Era una espera intensa y desconcertante, yo dudaba de su vuelta y tenía la sensación de que algo le había hecho cambiar sus planes en el último momento. De las 14.00 hasta las 14.30 hice planes de nuestra relación, a las 15.00 empecé a deshacer los planes y a las 15.45 comencé a aceptar que tenía quince minutos para sacarle definitivamente de mi vida. Dejé el punto de encuentro y atravesé el control de pasaportes muy despacio, volviendo la cabeza hacia atrás como si anduviese por un callejón oscuro con pasos a mi espalda. A los tres segundos de atravesar el control de pasaportes me ha llamado al móvil desde la terminal dos. El punto de encuentro ha fallado. No ha llegado a tiempo, pero ha vuelto. Estoy contenta y asustada de que haya vuelto por tercera vez. Tengo toda la vida para hacer planes y quince minutos para deshacerlos si la cosa se complica. Hoy he aprendido la técnica, y es parecido a montar en bicicleta. Una vez que se aprende, no se olvida.

MENORCA

Primavera

Al calor de una cerilla

Voy a construir un hogar con una caja de cartón y una manta de rayas.

Voy a hacer de un niño el hombre que sujeta el paraguas en la tormenta.

Voy a olvidar lo malo que está por venir.

Soy la mejor ciega. La mejor sorda.

Me paseo con mi perro, un mosquito con correa.

Vivo en el país de los sentimientos microscópicos.

Lucho contra el frío acercándome al calor de una cerilla.

Las bombillas del árbol de Navidad

Observar la manera de actuar de cada uno es como mirar las bombillas pequeñas de un árbol de Navidad que van unidas por un cable. Cada acto va cosido al acto anterior y unido a un cordón común.

Me observo cuando cocino y lo hago de la misma manera rápida e impaciente como preparo selecciones de música en mi trabajo o elijo un sitio para ir de vacaciones.

Hace unos días fui al podólogo y nada más verme me hizo dos afirmaciones: «Me imagino que andarás mal con tacones altos y te torcerás mucho los tobillos.» Así es. Me explicó que los empeines tan pronunciados como los que tengo yo son malos para los tacones.

Escuchando cómo pide un hombre en un restaurante se podría adivinar cómo es conquistando a una mujer. Me gusta pensar que hay un cordón común uniendo nuestras vidas. Que tensando una parte se tensará el resto.

Cartas a destinos invisibles

Querida S.T.:

Me han contado que vives en Chile. Me acuerdo perfectamente de cuando te conocí. Era mi primer día en el colegio nuevo, tenía once años y me senté a tu lado porque detecté claramente que eras la repudiada de la clase y por lo tanto la más inofensiva. Eras fea como un demonio y las niñas de clase decían que tenías los pezones negros. Estabas exenta de gimnasia porque tenías mal las piernas. Dibujabas unos árboles preciosos, los dibujabas por todos lados. Árboles con cuerpo de persona y árboles con cuerpo de animal. Creo que eras un genio. Me invitaste a tu comunión, sólo a mí. Porque aunque no te hablaba mucho te miraba con atención hacer tus árboles. No fui. Pero cada vez que leo algo sobre pintores chilenos busco tu nombre, para compensar.

Querida S.T., espero que seas pintora y seas feliz.

Querido R.D.:

Han pasado dieciocho años desde que te mataste y casi diez desde que me acordé de ti la última vez. Ayer me desperté en mitad de la noche y me di cuenta de lo que se parece Amor N.º 2 a ti. Debe de ser la sangre anglosajona.

Eres el único hombre que ha recorrido muchos kilómetros de frío enero para verme unos minutos. Ibas en tu moto Bultaco con una gabardina larga y unas zapatillas rojas. Oías la música que no había que oír y decías cosas raras. Yo no quería ver que me gustabas. No me atrevía a mirarte y menos a quererte. No era valiente para ti. Te mataste en tu moto con mi nombre en tu cabeza y ayer me he dado cuenta. Llego dieciocho años tarde pero quiero que sepas que me gusta como eras.

Hasta siempre. Querido R.D.

Querido mediocre:

¿Cómo podías temer a una niña cuarenta años menor que tú? Tu hijo y yo estábamos tan unidos que a ti te devoraban los celos. Me invitabais los domingos a comer, pero había tanto rechazo hacia mí que vomitaba toda la comida. Un domingo llegaron amigos vuestros y tú no me presentabas; te preguntaron mi nombre, hiciste que no oías. Me pasé toda la tarde conteniendo las lágrimas con los ojos iluminados y las mejillas rojas, tú lo sabías y me mirabas sonriendo. Creías que tu hijo me quería más que a ti. Cuando no estaba delante me llamabas «fideo feo», me imitabas, te reías de mí y rogabas a tu hijo que se buscara otra amiga.

Fuimos amigos de los doce a los quince, fue entonces cuando te dio el primer infarto. Me dijeron que no fuera más por tu casa. Sentí una mezcla de tristeza y orgullo, ¿cómo podía tener tanto poder sobre ti?

Nunca le dije nada a tu hijo, aunque siempre me di cuenta de que eras un mediocre de la peor especie. Tu pequeñez mental me hizo daño, tanto que han tenido que pasar veinte años para que me atreva a odiarte.

Te odio. Querido mediocre.

Querida tía soltera:

Te recuerdo cuidándonos durante años cuando éramos pequeños. Porque eras la tía que se quedó soltera. Era el verano que aprendí a nadar. Y el día que aprendí lo hice agarrada a un palo de madera, como un perrito. Me pasé ocho horas agarrada al palo, convencida de que sin él no flotaría. Era la hora de irnos a casa y tú insististe en que no podía llevarme el palo. Lo escondí detrás de unas rocas y te pregunté unas diez veces si te parecía un sitio seguro. Ahora te imagino contestándome que sí, cansada y despistada. Al día siguiente la marea se llevó el palo. No me lo podía creer, me habías engañado. Me habías traicionado. Me habías estafado y no podía entender por qué lo habías hecho. Estaba tan enfadada que disimulé el enfado. Pero ya nunca fuiste lo mismo para mí. Te rechacé en silencio con toda la crueldad de una niña de cinco años.

Perdona. Querida tía soltera.

MADRID

Primavera

El abrazo

Hace dos días que he vuelto a casa. Allí esperaba Amor N.º 2. Nos hemos dado un abrazo largo y tropezado. Un abrazo inadecuado de hombres que se palmotean la espalda. Como lo hacían en siglos pasados, comprobando si el contrario iba armado.

No sé lo que esconde en la chaqueta, ni siquiera sé lo que escondo yo. Pero algo sospechoso buscábamos el uno en el otro.

Perdida en el bosque de la estupidez

Anoche fuimos al cine y después Amor N.º 2 tenía ganas de salir y yo no. Esta situación es como respirar, vivida un millón de veces en todas mis relaciones.

Lo perfecto hubiera sido que los dos hubiéramos estado en sintonía, pero, de no ser así, lo perfecto para mí era que él no tuviera ganas de salir. Sale a flote mi policía de la moralidad, pienso que Amor N.º 2 no debería salir porque pronto empezará su nuevo trabajo y es mejor estar concentrado y descansado y no con resaca. Pero no digo nada. Si yo empujase un poquito y le dijese que se quedara conmigo, él lo haría, pero me parece tonto pedir algo así. Decide salir y yo me quedo tumbada en la cama mirando al techo con cara de desconcierto. Vuelvo a perderme en el bosque de las estúpidas dudas. Con Amor N.º 7 no sabía cuándo enfadarme y ahora no sé cuándo pedir. Repaso las parejas que conozco y no sé bien qué hacen los demás en esta situación. Creo que de todas las opciones yo elijo la peor. No me atrevo a pedir. Me callo. Pero relleno una factura: Factura/0001. Concepto: Salir cuando uno no debiera hacerlo y no ser capaz de adivinar que yo quiero que se quede.

Voy acumulando facturas y ya encontraré el momento de cobrarlas.

Me gustaría salir de este estúpido bosque donde quemo energía como ramas secas. Quiero dejar de juzgar a quien tengo al lado, dejar de sentirme un pastor que va con un palo conduciendo a sus ovejas.

Silencio asesino

Para los españoles, despedirse a la francesa es irse sin decir adiós. Para los franceses, irse sin decir adiós es despedirse a la española. A veces las palabras son cáscaras de huevo. Y a veces el silencio habla más que las palabras. Todo lo que no nos decimos mata las relaciones.

Yo hablo mucho pero me callo casi todo. El silencio va cavando una zanja que te separa de la gente con la que tienes problemas. Te convierte en una absurda isla.

El silencio asesina callando.

La proporción del ego

Hoy se ha muerto un político importante. He visto imágenes en la televisión, gente que no le conocía lloraba.

Un 5 % lloraba la muerte del político, y un 95 % la suya propia.

He ido a pocas bodas, pero en las pocas que he ido me he emocionado.

Un 10 % de las veces por lo enamorados que se les veía a los novios,
y un 90 % por lo que sentiría yo si fuera la que me casara tan enamorada.

Arrastramos nuestro ego allí donde vamos.

Me gustaría enterarme de que a mi vecino le ha tocado la lotería
y alegrarme por él en un ciento por ciento.

La hora de las radiografías

Las 12.00 es la hora de las radiografías. Por donde vaya veo a gente con sus sobres de plástico paseando sus resultados. Suelen ser parejas de viejecitos, uno con mejor salud que el otro, y normalmente el sobre lo lleva la parte sana de la pareja, para compensar la situación. También es muy normal ver a la hija mayor con el padre o la madre ya ancianos. Alguna vez se ven personas solas, y si les miras a los ojos, los ves en una actitud nada víctima. Orgullosos de no necesitar a nadie para ir al médico. Hace tiempo que no me hago ninguna radiografía, pero pasé unos años con el sobre de plástico colgado de la muñeca a media mañana. No es que me pasasen grandes cosas, pero las radiografías nunca vienen solas. Y una prueba trae consigo muchas más.

Hoy a media mañana me he comido un pincho de tortilla con mahonesa, que me suele sentar fatal, pero es mejor que una radiografía.

La tentación es un catálogo amarillo

La tentación es un catálogo amarillo que he recibido hace una semana. Dentro hay unas mil casas esperándome en todas las esquinas del planeta. Con el catálogo amarillo en la mano me entran ganas de huir como cuando puse mi vida patas arriba para irme a Nueva York.

El sistema del catálogo es fácil: tú vas a la casa de algún interesado y esa persona viene a la tuya. Hoy me ha llegado un posible intercambio con Nueva Orleans: el dueño trabaja en una compañía pesquera, tiene un pequeño embarcadero y además deja su coche todoterreno. La casa es preciosa. Me he pasado toda la semana mirando la foto.

Una nueva huida ahora no tiene ningún sentido. *Ella,* la persona de la que escapaba, está más centrada. Pero las tentaciones son acciones inexplicables donde lo de menos es lo que pase después de caer en ellas. No se me ha perdido nada en Nueva Orleans, pero aun así llevo una semana luchando contra la tentación del catálogo amarillo.

Tráfico en el corazón

Ayer en una fiesta de más de mil personas pasó una casualidad de libro de Paul Auster. Amor N.° 7, Amor N.° 4, Amor N.° 9, Amor N.° 2 y yo coincidimos en la misma fiesta, a la misma hora y en la misma barra. Yo estaba tensa y preocupada por detalles absurdos. Amor N.° 2 llevaba puesto un jersey que en su día me regaló Amor N.° 9. Amor N.° 4 llevaba un abrigo que era mío y que en su día Amor N.° 9 me acompañó a comprar.

Se supone que me podía haber sentido halagada, como la jefa de un harén. Pero nada que ver, me sentía como una madre traidora que va cambiando de hijo predilecto. La coincidencia me dejó agotada. La fiesta era en un edificio precioso lleno de habitaciones con techos con guirnaldas y sofás de plástico transparente. Me tiré en un sofá aplastada por mis recuerdos, veía desde lejos cómo ellos cruzaban alguna frase. Estoy segura de que no le dieron ni un minuto de su tiempo a la conexión que había entre todos. Amor N.° 7 es el único que parecía observar al resto, como si el dueño del molde analizara las reproducciones. Traté de beber y divertirme un poco, pero los números me tenían anclada al suelo. Oía el tráfico de mi corazón por encima de la música.

La aplastante sinceridad de Amor N.° 2 me volvió a traer

a la vida: «¡Qué buena facha tiene Amor N.º 9!, a su lado me veo menos alto que otros días.»

La mano de Carrie

Érase una plácida tarde de primavera. Las golondrinas hacían alfombras de lana en el cielo y Beck me cantaba al oído desde el salón a la terraza. Amor N.º 2 leía *Hambre* de Knut Hamsun y se reía en cada página. Yo tomaba café con leche y tostadas en una taza antigua con dibujos chinos y asa de hoja de árbol. Era un momento de armonía, hasta que sonó el teléfono. Amor N.º 2 se levantó a cogerlo y contestó con su peculiar forma: «¡HOOOOLAAAAA?» ¿Por qué grita tanto al contestar?, ¿por qué ese hola tan raro entre afirmación y pregunta? Mi genética de rabiosa se estaba apoderando de mí una vez más. Traté de respirar, recitar mantras budistas, pensar que Amor N.º 2 era un ser humano libre e independiente que tenía derecho a contestar el teléfono como le diera la gana, pero no sirvió de nada. En cuanto volvió a la terraza yo tenía la cara desencajada y soltaba todo tipo de disparates sobre su forma de responder al teléfono. Amor N.º 2 se pegó un susto muy parecido a los de las películas de miedo. Fui la mano de Carrie que sale de la tierra cuando uno menos se lo espera.

El apasionante mundo de las pinzas

Mi hermana mayor es fotógrafa y le acaban de dar un premio. Me ha llegado por correo la foto premiada y una pequeña entrevista con este titular suyo: «El mundo de las pinzas es apasionante.» Monta sus fotos sobre pinzas de la ropa y hace móviles. Su herramienta de trabajo es una pinza y su cabeza vive metida en ese trocito de madera dividida por un muelle. Para ella las pinzas tienen la misma importancia que para los decoradores que construyeron el mar mecánico que se separa en dos en la película *Los diez mandamientos* el motor que va dentro. El titular de mi hermana me ha recordado otro que leí de un chef francés: «Soy capaz de emocionar con una acelga.»

Unos proyectan edificios y otros diseñan botones para ascensores. Y todos ponen la misma energía. Y tienen el mismo talento.

Abrió la boca

Llevo todo el día machacando a Amor N.º 2; no sé qué me pasa, ni sé lo que me está molestando. Pero le busco, le pongo trampas con queso para atraparle. Le castigo porque no es el hombre que yo quiero que sea y me castigo a mí misma por castigarle. He caído en uno de esos incómodos laberintos emocionales donde me molesta que no me digan que me quieren y me molesta que me lo digan. He tratado de hablar con él, escuchar su punto de vista, que me ayudara a deshacer el nudo. He estado soltando mi monólogo durante media hora, tratando de exponerle cien mil hipótesis sobre la tensión del día para que se pronunciara por una. Él callaba y me miraba. Volvía a mirarme y volvía a callar. Volvía a callar un poquito más y me miraba otra vez. Hasta que de pronto ha hecho un pequeño gesto de estirarse la camisa e incorporarse.

Se ha alisado el pelo.

Ha encendido un cigarrillo.

Ha tragado saliva.

No hay duda, señoras y señores, se acerca el gran momento: va a hablar.

Como en cámara lenta he observado las comisuras de los labios despegándose, abriéndose en direcciones opuestas. Abrió la boca. Por fin. Pero, atención, lo que podía parecer una palabra es un enorme bostezo. Un bostezo por respuesta.

Qué bonito.

Lanzallamas

Amor N.º 2 busca trabajo, no tiene dinero y depende de mí. No pide nada, pero a mí me agobia que no tenga un duro y le voy dando limosnas, echo monedas en la cesta de la iglesia. Yo he sido cómplice de esta situación queriendo que volviese a mi casa en estas circunstancias, pero siempre me engaño pensando que las cosas van a ser diferentes. Que en un mes una persona pasa de ser un chico desorientado al hombre que quita las zarzas del camino con un bastón de plata. Sabía que iba a pasar lo que está pasando, pero he cerrado los ojos una vez más. No lo he evitado y hoy me arde por dentro. Lanzo llamas de dos metros. Quemo todo lo que se me pone por delante. Tiendo en una cuerda mis buenos propósitos, los sujeto con pinzas y los quemo con las llamas que salen de la boca del estómago. Soy un lanzallamas.

La mamá del mundo

La mamá del mundo fabrica arandelas de metal para que cuando sus niños vayan al cine pongan ahí su bebida y estén más cómodos. Selecciona trozos de poesía y de fragmentos de libros y los coloca en el metro para alegrar los viajes bajo tierra. Últimamente está revolucionando el mundo de la aviación y pinta las alas de los aviones con dibujos preciosos. También ha inventado el *airbag* de los coches, salvando a varios de sus hijos de una muerte segura. La mamá del mundo ha reservado un espacio en el Fnac para leer libros y estar ahí tranquilamente aunque no hayas comprado nada. Y deja en los cuartos de baño de los hoteles unos cartelitos con este mensaje:

> Estimado cliente :
> ¿Puede usted imaginar cuántas toneladas de toallas son lavadas día a día innecesariamente en los hoteles de todo el mundo? Enormes cantidades de detergente contaminan nuestras aguas y mucha energía es derrochada.
> Decida usted mismo:
> La toalla en el suelo significa: *por favor cámbienla.*
> La toalla en su soporte significa: *la volveré a usar.*

Son tiempos de locura y soledad, pero no nos podemos quejar, la mamá está haciendo un buen trabajo.

Miedo a volar

El comandante nos dio la bienvenida a bordo a todos los pasajeros y en particular a los integrantes de la Escuela Miedo a Volar que viajaban en el avión.

Busqué con la mirada quiénes podrían ser, pero no lo descubrí hasta que aterrizamos. Caminando hacia la recogida de equipajes me fijé en un grupo de gente que se abrazaban unos a otros y se felicitaban. Una chica tenía los ojos llorosos y repetía: «Es increíble, lo hemos hecho, lo hemos hecho.» Estaban todos en piña despidiendo a un gordito que hacía escala hacia Bilbao, la chica de ojos llorosos le decía consignas de entrenador: «Tú puedes, lo peor ha pasado ya, lo hemos hecho, ve tranquilo, tú puedes.»

Estaban felices y emocionados. No hay nada mejor que vencer obstáculos. Los miembros de la Escuela Miedo a Volar habían vencido un problema y en ese momento eran mucho más felices que los que nunca lo habíamos tenido.

Me encanta salir de un bache en mi estado de ánimo, comer mal para empezar a comer bien y meterme en líos sentimentales para demostrarme que sé salir de ellos. Soy un miembro de honor de la Escuela Miedo a Volar.

Atrincherados

Seguimos sin encontrar el eslabón que nos unía antes de que Amor N.º 2 se fuera por última vez. Anoche volvimos a discutir. Cada uno exageraba su posición. Yo como fascinante propuesta de sábado por la noche asé un pollo al horno y di cera al suelo de la habitación. Él puso a Pearl Jam a un volumen insoportable y se vistió de adolescente dispuesto a deambular por Madrid con una petaca de whisky. Normalmente no nos pesan los más de *diezañosmenos* que nos separan. Pero anoche cada uno exageró su posición hasta conseguir una caricatura de sí mismo, dos barreras insuperables que luchaban en silencio una contra otra. Yo me quedé en casa atrincherada en un pollo al horno que cocinaba por primera vez y él se fue recitando a Rimbaud con medio litro de whisky en el estómago y el resto en una petaca.

MADRID

Verano

El jardín que toca el cielo

Ayer compré plantas para la terraza. Tenía dos pinos y una palmera. Ahora tengo romero, jara, espliego, y una planta trepadora. Me asomo a la barandilla y veo una ciudad, cierro los ojos y huelo el campo.

Vivo en un jardín que toca el cielo.

Confundiendo el amor con un secuestro

He dormido catorce horas y he soñado con Amor N.º 7. Esa relación me ha arado el cerebro con surcos tan profundos que diecisiete años después estoy aún echando tierra. Le quise y le temí con toda el alma. Una palabra suya me arrastraba de la felicidad a la tragedia. Le necesitaba para que mi corazón siguiese bombeando sangre, y él decidía mis infartos. Era mi padre, mi amante y Dios. Me tenía de un modo absoluto.

Una noche, al comienzo de nuestra relación, me llamó para decirme que quería hablar conmigo. Me imaginé lo peor, me acosté temblando, no dormí y me levanté con un ojo rojo por un derrame. Fue la primera vez que me dejó, pero hubo dieciséis veces más.

Confundía la felicidad con cinco meses sin abandono y el amor con un pozo negro y hondo de donde sólo él sabía sacarme. He buscado ese amor a lo largo de toda mi vida.

Me ha costado diecisiete años darme cuenta de que confundí el amor con un secuestro.

La verdad de los dormidos

Desde la primera noche que pasé con Amor N.º 2 me gustó cómo era dormido. Hay hombres cariñosos que se convierten en burros furiosos cuando duermen. Él me tapa, me coloca la almohada, me cuida, me protege en sueños, dando cuando está dormido lo que despierto no es capaz. Quiero pensar que lo que sale en sueños es lo que en realidad es la persona. O lo que esa persona tiene el potencial para ser. Sin la careta que da la luz del día.

Ayer nos acostamos enfadados, pero dormido no se acordó del enfado. Yo me separaba colocándome en un extremo de la cama y él se acercaba y me decía medio sonámbulo: «¿Sabes que tienes ojos de sabia?»

No sé si es cierto que los borrachos no mienten, pero lo que sí sé es que los dormidos dicen lo que piensan de verdad.

Jugando a pelota vasca con la vergüenza

Hoy hablando por teléfono con un cliente tenía la sensación de que me ocultaba algo. Trataba de ahorrarse parte de su presupuesto quitando nuestros honorarios. Mientras hablaba con él estaba horrorizada de la situación, más que por la pérdida del negocio por lo violento que me parecía tener que desenmascararle. Su posible vergüenza me provocaba a mí mucha más vergüenza. Trataba de ponerle las cosas fáciles, le proponía retiradas honrosas, le fabricaba salidas de emergencia, me hacía la ciega. Cualquier cosa antes que dejarle desnudo.

Su posible sentimiento de vergüenza al ser descubierto volvía a mi lado con más fuerza. Como una pelota vasca rebotando contra la pared.

Han pasado unas horas, le he dejado varios mensajes en su contestador. No ha respondido. Lo que demuestra su intención de engañarme. No va a volver a llamar. Y me parece lo mejor.

Adiós

Anoche la ex novia de mi hermano hizo una cena de despedida. Se va a Bristol a hacer un curso de dos meses pagado por su despacho.

Fingía estar alegre, pero tenía un puchero permanente en la boca que daba bastante pena.

—¿Qué pasó con *el chico triste del mastín* después del día de los ruidos en tu estómago? —le pregunté.

—Tardó diez días en llamar y al décimo día me invitó a comer.

—¡Qué bien! —le grité con una alegría exageradísima.

—Bueno, no fue la cosa como para ponerse contenta. —me contestó—. Se presentó a comer con su hermana. Fue entonces cuando decidí lo de Bristol. Le llamé hace unos días y le dije que me iba un año entero. No dijo nada. Seguí entonces exagerando y le conté que podía ser que el año se prolongara en año y medio porque el despacho en Bristol necesitaba a alguien que hablara español. Siguió sin decir nada. Ayer le volví a llamar y le conté que había alquilado mi casa de Madrid para los próximos cinco años y que llamaba para despedirme.

—¿Y qué te dijo él?

—Adiós.

Postales desde lugares importantes

Postal n.º 1

Queridos amigos:

He presentado la primera parte de mi diario a un premio, y lo he ganado. Cuando colgué el teléfono lo primero que pensé fue que no me quería morir; las buenas noticias hacen que quieras ser inmortal.

Es la oportunidad que siempre había soñado. Pero no me siento ni mejor ni peor de lo que imaginaba, sólo distinta.

Postal n.º 2

Queridos amigos:

Una editorial va a publicar el diario. Es la noticia que siempre había soñado. He corrido a la Casa del Libro a buscar la F para saber entre quiénes compartiré estantería. Tendré el honor de rozarme con Fernando Fernán Gómez y con Carlos Fuentes.

Pero no me siento ni mejor ni peor de lo que imaginaba, sólo distinta.

Postal n.º 3

Queridos amigos:

Voy a dejar el trabajo de publicidad y a dedicarme sólo a lo que me gusta. Voy a caer en *la tentación del catálogo amarillo* y buscar una casa en el mundo. Pero no me siento ni mejor ni peor de lo que imaginaba, sólo distinta.

Nada es tan perfecto como lo que uno puede imaginar, sólo es diferente.

Quemaduras de cigarro en la memoria

Hace unos cinco años que empecé a olvidarme de cosas. Los nombres se convierten en anguilas, los tengo por un segundo y un instante después se marchan serpenteando. Me compro los libros dos veces, la primera por impulso y la segunda por lo familiar que me resulta el título.

Anoche fui a la presentación de un disco, estaba agotada, bebí tres vasos de vino y me emborraché, y hoy me he levantado con cinco o seis situaciones que no recuerdo si pasaron en realidad o las he soñado. Nunca le he dicho te quiero a Amor

N.º 2 y no sé si anoche por fin lo solté. Los te quieros se resbalan por mi memoria y se cuelan por los agujeros. No sé si no me acuerdo o no quiero acordarme. Lo peor que te pueden contestar a un te quiero es gracias. Quizá eso es lo que me pasó anoche.

Si es así, me alegro de tener quemaduras de cigarro en la memoria.

Sutil como el corte de una hoja

Tengo los dedos surcados de pequeñas heriditas.
Me he cortado con el filo de una hoja de papel.
Todas juntas suman una cicatriz de seis puntos.
Por separado son problemas de quien no los tiene.
Distingo el olor a vainilla entre cualquier otro.
Anoche me decías que te pasaste la noche hablando a todos de tus novias
y se te escapó una S de más, la S me hirió.
Los días se vuelven sutiles entre nosotros.
Sutiles como una S.
Como el corte de una hoja.

Sufrir por no sufrir

Anoche fue una de esas noches silenciosas en las que pasan cosas importantes. Cosas que hablan bajito y tienes que prestar mucha atención para escucharlas.

Cenaba con amigos de siempre, que ayer eran niños y hoy tienen uno metido en una cunita blanca. Cuando nos reuníamos solía haber tormenta y cada uno luchaba porque su trueno fuera el más fuerte. Ayer había mucha calma en la casa, y no estábamos preparados para ello. No había alcohol, comíamos sardinitas adobadas por una cocinera árabe. Ha llegado la paz de la madurez, y tampoco esto nos gusta. Durante años sufrimos juntos por todo lo que nos hacía sufrir, hoy seguimos sufriendo por haber dejado de hacerlo.

La autopista

Cualquier persona elegida al azar a la que se le obliga a consumir un gramo de heroína diario acaba siendo adicta en menos de dos meses. Pero no cualquier persona elegida al azar obligada a ganar un millón de pesetas, en menos de dos meses es capaz de hacerlo. Cualquier persona sana puede enfermar si se lo propone, pero no cualquier enfermo puede sanar por mucha voluntad que ponga.

Robar, envejecer, engordar, arruinarse es mucho más fácil que ahorrar, rejuvenecer, adelgazar, enriquecerse. Si es así quizá lo que pasa es que estamos equivocados y hemos confundido los términos de lo bueno y lo malo. Alguien traspapeló los informes y nos engañó a todos. Voy a empezar a practicar y a desaprender lo aprendido, a ver lo malo menos malo y lo bueno menos bueno. Voy a coger la autopista.

Inventores de países

Los turistas son inventores de países. Estando en Nueva York una chica de Nueva Delhi me preguntó: «¿Es verdad que en España la categoría de un bar se mide por la cantidad de servilletas de papel que hay en el suelo?»

Hoy en la plaza de Santa Ana había un chico cantando flamenco, dos viejecitos taconeando a su lado y un hombre con una bicicleta afiladora de cuchillos. Y siguiendo el espectáculo doce japoneses haciendo fotos, sacando sus conclusiones e inventándose España. Dos calles más abajo de la plaza hay un edificio con un gran ventanal y un curioso reloj. A las horas en punto suena una melodía de cajita de música y salen del balcón figuras gigantes que representan a Cristóbal Colón, a un torero, al pintor Velázquez y a una maja madrileña. Un grupo de turistas americanos sonreían encantados, para ellos era genuinamente español, y a mí me parecía estar en Viena. Las cosas muy turísticas son idénticas en todos los sitios del mundo. Cualquiera se siente en casa dentro de una tienda de souvenirs.

Amor N.º 2 no sabe bien de dónde es, yo le digo que le voy a dar un país y él se ríe. Si los turistas pueden inventárselo, los demás también.

La cuenta, por favor

La mayoría de mis amigas ganan mucho más dinero que sus maridos o sus novios. Cuando la relación es larga y las cosas están claras supongo que todo es mas fácil, pero en los comienzos este tema es un dilema. Al problema de pagarlo todo se suma el de hacer que no se note que pagas. Ayer estuve con una novata en el tema. Se ha enamorado y haría cualquier cosa para que su joven y pobre poeta pudiera ir con ella de vacaciones, pero él no tiene un duro. Nos reíamos imaginándonos diferentes técnicas para hacerle llegar dinero. Como sorteos de la Cruz Roja que le envían a casa cien mil pesetas o premios misteriosos ingresados en su cuenta de banco como el del Nescafé, un sueldo para toda la vida. Cada vez que ella le propone un plan especial tiene que inventarse ventas fantásticas en su galería de arte para justificar la invitación.

Cuando los hombres pagan no tienen tantas consideraciones. El que levanta el brazo para decir «La cuenta, por favor» tiene derecho a decidir cuándo está cansado y quiere marcharse, el número de sitios que quiere recorrer después de la cena y otros privilegios. Hasta hace poco este poder me encantaba. Llevo toda la vida creyéndome una heroína porque pago la cuenta, ahora hago la suma y hubiera sido más práctico comprarme una plaza de garaje y un coche.

Tres

Acabo de comer con una amiga. Teníamos mesa reservada para tres. Pero la tercera pata no ha venido y la mesa ha naufragado. Ha sido una comida horrible. Los raviolis crecían como setas, cuantos más raviolis comía, más raviolis quedaban. Hace años que estoy acomodada a los silencios, ya no me molestan. Pero los de hoy no tenían sentido. Ella acababa de llegar de un viaje muy interesante y lleno de aventuras, quería contárnoslo *a la tercera pata* y a mí. Yo sola no era suficiente motivación para gastar energía y ella sola no era suficiente para que yo me concentrara en su conversación. Trataba de poner pasión a su relato y se le iba el fuelle a mitad de la frase. Hemos dejado dos mensajes en el móvil *de la tercera pata*, parece que por lo menos esa actividad rellenaba un poco de tiempo. Tenía ganas de decirle: «Mira, déjalo, vamos a hacer como que esto no ha pasado. Voy a pedir la cuenta, a dejar mis raviolis a medio terminar y me voy a ir a casa a comer.» Pero estas sinceridades nunca se llevan a cabo. Me he dado cuenta de que era la primera vez que nos veíamos a solas y supongo que la última. No ha sido buena idea sentarnos en un taburete de dos patas.

Ruido de tenedores

El mal humor es lo que nos queda de cuando éramos niños y no dormíamos suficiente. Es una sensación espesa y tonta. Hoy me he levantado de muy mal humor. He comido pasteles y después berberechos. He llegado tarde a dos reuniones. He hecho que el quiosquero cambiara mi periódico dos veces porque estaba muy arrugado. He tratado de dormir una siesta. He intentado ir al cine, pero todas las películas me parecían aburridas. Me he comprado una camisa estúpida que no me pondré nunca. Me he peleado con un taxista y le he llamado amargado. Me siento hinchada como un zepelín. He llegado a casa y le he dicho a Amor N.º 2 cosas fastidiosas, le he tirado bolitas de papel desde mi pupitre al suyo. El mal humor entorpece unos sentidos y agudiza otros. Estaba escribiendo y él comía lejos de mí, le oía hacer ruido, y le he dicho que el tenedor no me dejaba concentrarme. Hemos estallado en carcajadas.

Ha mejorado un poco mi mal humor.

El dedo que señala

Eliges una película al azar, o quizá no tan al azar como parece. Te sientas tranquilamente en la butaca y te empiezas a dar cuenta de que un dedo gigante sale de la pantalla y te señala. Piensas que tus amigos se están dando cuenta, que hablan de ti, carraspeas, te mueves inquieto o te clavas en el asiento.

Hace unos días mis padres pasaron por Madrid y fuimos todos al cine. La película trataba sobre una mujer de sesenta años muy vitalista, cansada de su monótona vida de ama de casa que amenaza con abandonar a su marido para irse a una isla griega.

Mi padre es un hombre bastante reflexivo, prudente e introvertido. Y mi madre es una mujer muy vitalista a la que me puedo imaginar en una isla griega.

La protagonista de la película llevaba en la mano una maleta inmensa y en la cabeza una pamela morada, estaba cerrando la puerta de su pequeña casita en un barrio cualquiera y metiéndose en el taxi que le llevaría al aeropuerto camino hacia Grecia, cuando en el silencio del cine se oyó a mi padre gritar: «¡Se va! ¡Cómo es posible! ¡Se va!»

No todos los chicos sueñan con ser soldados

Un travestí merendaba a mi lado en el café Jamaica de la Puerta del Sol. El travestí tenía uñas plateadas que metía dentro del asa de una taza demasiado pequeña. Me gustaba mirarle y a ella tampoco parecía importarle. Me ha pedido fuego. Le he podido mirar de frente con miradas circulares, buscando al hombre, para verle a la vez que a la mujer. De la misma manera que nos miramos con personas que no vemos hace años. Se superpone el recuerdo encima del presente, a veces tienes la cara de cuando la persona era más joven y otras veces no la encuentras. Pero lo que no falla es el intercambio de miradas circulares.

Le he dicho hasta luego al chico que no soñaba con ser soldado, y le he visto perfectamente, asomando por detrás de la mujer con las uñas demasiado grandes para unas tazas tan pequeñas.

El matamoscas

Buscaba unos almohadones en una tienda de muebles chinos. No los he encontrado pero me he quedado admirada del matamoscas que he visto. Los bordes eran de un alambre rosa palo y la tela metálica fina parecía agua congelada, el mango era de madera oscura delgada pero maciza con pequeños anillos que indican la edad del árbol.

No se le pide a un matamoscas que sea bonito, pero éste era casi una obra de arte. Nadie le pide a un socio palabras de agradecimiento. Pero él lo ha hecho. Ha sido tan inesperado como un matamoscas obra de arte.

Ya no llegan telegramas

Las chicas estudiaban «taquigrafía» y llegaban «telegramas» a las casas. Yo era una adolescente y lo que me rodeaba me parecía feo y antiguo aunque se suponía moderno.

No podemos elegir en qué década cumplir los catorce, pero ayer vi un concurso de chicas *skater* y las envidié. No sé si tienen ilusiones, si les importa demasiado el dinero, si tienen más información de la que necesitan, pero tienen camisetas preciosas donde esconder su pecho mientras crece.

Visados y mentiras

Es peligroso encontrarte con amigos de alguien que conociste en el extranjero.

La brillante farmacéutica con inquietudes de conseguir una buena beca de investigación en Nueva York resultó ser ex toxicómana, se había marchado de España después de un año de tratamiento de desintoxicación. Casi todas las mujeres españolas que conocí en Nueva York huían de algo que no contaban. Bali, Katmandú, Tailandia están llenos de fabricantes de uno mismo. No les ha gustado lo que han vivido hasta los treinta y empiezan de cero borrando con una goma gigante de mentiras todo su pasado. Si se hace bien, incluso se puede vivir tres vidas en una. Después de Nueva York y Tailandia uno puede empezar la novela de su existencia en Amsterdam, por ejemplo. En la parte de dentro de la cartera queda la foto de una familia en un día de playa tan irreal como verdadera. Me gusta ese tipo de mentirosos, inventar es cien veces mejor que quejarse y un millón de veces mejor que conformarse.

Bailando desnudo en la terraza

Anoche Amor N.º 2 bebió vino con la cena y se puso eufórico. Yo estaba cansada pero me gustaba verle así. Quería bailar desnudo en la terraza y que yo le acompañara. Insistió demasiado y yo empecé a enfadarme. Estaba cerrada y contraída, no me daba la gana de divertirme, realmente no me costaba nada salir con él a la terraza, pero me empeñé en decir que no. Me acosté y me despertó la música, bajé furiosa a apagarla, él me besaba la mano diciendo: «Señorita, venga usted a bailar conmigo a la terraza», se la retiré con un empujón y me subí a dormir. La casa estaba muy callada y yo me sentía una bruja, le busqué y estaba tratando de dormir en el sillón. Le acompañé a la cama. A la mañana siguiente me despertó con su curiosa conclusión: «¿Qué son esas peleas de millonarios? Ahora te empujo y ahora te abrazo. No pelees conmigo como si fuera rico, que no tengo dinero y me sacas ventaja.»

El mar de plástico

Estaba en un escaparate en mi camino de vuelta del colegio, era un mar azul con olas metido en una caja rectangular de metacrilato y se balanceaba de un lado a otro. Quería que me lo compraran pero costaba veinte mil quinientas pesetas. Todos los veranos los pasábamos en la playa y a mí no me gustaba mucho meterme en el agua, tengo la frase de mi madre grabada en la memoria: «Anda, báñate que este mar es aún mejor que tu mar de plástico.» Y a mí no me parecía mejor, en mi mar de plástico no había medusas, como las que picaron a mi hermana, ni resaca que se llevara lejos a mi padre, ni alquitrán que se me quedara pegado en las plantas de los pies.

El bosque en la terraza de casa me gusta más que pasear por Balsaín. En mi habitación de Nueva York tenía colgada la agenda de una amiga con sus garabatos y unos palillos chinos con unos dibujos maravillosos, nunca he colgado un cuadro.

Tengo que ser consecuente con la teoría de *las bombillas del árbol*: si para las playas, los bosques y las obras de arte prefiero los sucedáneos, también para el amor.

ALMERÍA

Verano

El camino de los elefantes

«Eres capaz de aguantar las peores cosas con tal de que te quieran de un modo absoluto. Si yo me entregase a ti de esa manera, podría hacer lo que quisiese contigo. Ten cuidado, linda, se te puede hacer mucho daño.»

El consejo-aviso-observación que Amor N.º 2 me hizo minutos antes de dormirnos ha sido como una bomba. Necesitaba alejarme de él. He hecho algo que siempre he querido hacer. Me he levantado pronto, he desviado las llamadas del estudio al móvil, he ido a la estación de Atocha y he cogido el primer tren que he podido. El Talgo de las diez y veinte Madrid-Almería.

El tren está lleno de viejos elefantes que huyen de Madrid. Un viejo de ochenta años se ha caído a mis pies, le acompañaban su hija y su mujer cuando ha perdido el equilibrio, las dos han empezado a hacer una absurda parodia de consuelo que ha enfadado al viejo: «Dichoso tren, cómo se mueve, nos vamos a descoyuntar todos.» Decían sus frases exagerando el enfado y los movimientos del tren. «Callaos ya», ha gritado el viejo, furioso de ser compadecido. Me ha recordado a mi abuelo.

Al llegar a Almería, yo y mi tarjeta 4B hemos dejado la cuenta en números rojos y he reservado dos noches en un hotel precioso al borde del mar.

Dentro de un hotel soy la persona más feliz del mundo, porque desaparecen dos fallos muy importantes: no saber pedir favores y mi dificultad ante cualquier tarea doméstica y mecánica.

En mi baño faltaban toallas, he llamado al 9, y en cinco minutos tenía dos toallas blancas sobre un toallero metálico que despide calor en invierno. No tenía ganas de salir de la habitación y del 038 me han traído un pez espada con verduras y una Coca-Cola *light*. Del minibar he tomado un zumo de melocotón marca Rostoy y una latita de frutos secos Kuysal cóctel. He reservado hora para el baño turco. He encendido todos los canales de la televisión y los del hilo musical. He abierto los armarios para ver si tenían manta extra y algún que otro tesoro por descubrir como la caja de caudales que he encontrado. La cesta de geles está bastante bien equipada con un cepillo de dientes portátil y un sobrecito con un pequeño costurero, que no todas las cestas de geles de hoteles tienen.

Estoy deseando que sea de noche para colgar en la puerta la hoja del desayuno para mañana, ya la he rellenado. Es de los pocos impresos que relleno encantada.

Desayuno a la carta / Breakfast a la carte

Café	❋	*Coffee*
Descafeinado	❋	*Descafeinated*
Chocolate	❋	*Chocolate*
Leche	❋	*Milk*
Té o Infusiones	❋	*Tea*
	290 ptas.	

Zumos	❋	*Juices*
Naranja	❋	*Orange*
Pomelo	❋	*Grapefruit*
Tomate	❋	*Tomato*
	525 ptas.	

QUESOS YOGUR

CHEESE YOGHOURT

Queso fresco	❋	*Cottage cheese*
	925 ptas.	
Ración de queso variado	❋	*Portion of mixed cheese*
	1.150 ptas.	
Yogur variado	❋	*Yoghourt*
	325 ptas.	

HUEVOS Y TORTILLAS

EGGS AND OMELETTES

Huevo pasado por agua	❋	*Boiled egg at your choice*
	310 ptas.	
Huevos revueltos	❋	*Scrambled eggs*
	490 ptas.	
Huevos fritos	❋	*Fried eggs*
	490 ptas.	
Tortilla al gusto	❋	*Omelette at your choice*
	775 ptas.	
Guarnición de jamón	❋	*Bacon or ham garnish*
	290 ptas.	
Salchichas de Francfort	❋	*Frankfurt sausages*
	775 ptas.	

Le rogamos coloque su pedido en el exterior de la puerta.
Please hang your order outside your room door.

Para servir entre ... horas y ... horas
To be served betwen ... hours and ... hours

Fecha *Date* Firma *Signature*

Acabo de subir de tomar un café en la piscina, he molestado un poco porque lo quería tomar en la última tumbona y el camarero se ha dado un paseo enorme. Me he bajado sólo con un libro y el teléfono móvil. Me han cargado el café en la 431.

A la vida le queda mucho que aprender de un buen hotel.

¿Qué?

ELLA, QUE SOY YO: ¿Me echas de menos?
AMOR N.º 2: ¿Qué?
ELLA, QUE SOY YO: ¿Que si hace calor en Madrid?
AMOR N.º 2: ¿Y por allí, tiranosauro rex?
ELLA, QUE SOY YO: ¿Pero no soy hormiga atómica?
AMOR N.º 2: De lunes a viernes hormiga atómica y el fin de semana tiranosauro rex.
ELLA, QUE SOY YO: Pero si hoy es martes.
AMOR N.º 2: Está bien.... ¿Me echas de menos, hormiga atómica?
ELLA, QUE SOY YO: ¿Qué?
AMOR N.º 2: Que duermas bien.

Surfers

Acabo de leer un reportaje sobre unos *surfers* californianos que vivieron un maremoto estando en el mar con sus tablas. La única manera que tuvieron de salir vivos fue hacer *surf* sobre las gigantescas olas.

Nunca imaginé una manera tan alegre de esquivar la muerte.

Blanco

Frotar, lavar, limpiar. Quitar las fundas de los edredones y meterlas en la lavadora con las cortinas. Vaciar el armario de la vajilla y perfumarlo con Glassex multiusos. Encender una vela de vainilla que queme lo malo, santificar el aire. Cepillarse los dientes, el pelo. Frotarse los talones. Beber agua. Flotar en la bañera. Comprar bolsas de basura perfumadas. Dar cera de olor a la madera. Regar el romero para que llegue de la terraza a la cama. Mirarse las yemas de los dedos arrugadas. Brillar y levitar. Trascender como una virgen sin mancha. Borrar los pecados de la humanidad. Frotar con Vim olor a pino el sentimiento de culpabilidad por no alcanzar la perfección. Todas las mujeres queremos ser María.

La policía

Son las diez de la mañana y he llamado a Amor N.º 2 a casa. Tres veces durante dos horas. Y no ha respondido al teléfono. Una frase suya se pasea por la boca de mi estómago: «¿Sabe Margarita que te vas?» «Sí; lo sabe e irá a limpiar mañana aunque yo no esté», le contesté.

¿Se preocupará la ministra de medio ambiente de si su marido sale o entra cuando ella no está? ¿Abandonaba madame Curie un experimento porque los celos no le dejaban concentrarse? Supongo que no.

No entiendo por qué la vida de mis parejas siempre me parece más importante que la mía. Saco *mi periscopio* a ver qué cazo. Llevo media hora repasando el escenario del crimen y sacando conclusiones. Sus frases «¿Sabe Margarita que te vas?» y «Sal por la noche a divertirte» fueron su sentencia. Amor N.º 2 no tiene trabajo fijo, no escribe suficiente, ¿cómo puede encima perder tiempo saliendo hasta las tantas? Éste es el discurso que yo me doy a mí misma, pero en realidad estos argumentos me dan bastante igual, lo que no soporto es el fantasma de la infidelidad.

No sé entender la pareja sin hacer de policía en la vida del otro y este papel me deprime. Quiero quedarme sola.

Vanidad

Veo desde la terraza del hotel a un hombre feo presumiendo de pareo. Tiene unos sesenta años y los hombros todavía anchos y fuertes. Se nota que es la primera vez en su vida que se pone un pareo, y se encuentra irresistible. Su mujer se lo ha debido de regalar por su cumpleaños y hasta hoy no se había atrevido a enrollarse en él. Ha sido un descubrimiento, da pataditas a las olas de la emoción que le produce, se siente tremendamente atractivo. Sus ojos de sapito cansado han mirado de reojo a un biquini chiquitito. Le parece que con el metro de tela estampada que tiene alrededor de las piernas es capaz de cualquier conquista. Ha cogido carrerilla y ha intentado alzar a su mujer en brazos. Ya ni recuerda la última vez que hizo esto. Ella se ha reído a la vez que se sujetaba unas enormes gafas de sol. Se ha tumbado en la arena. Boca arriba con las rodillas dobladas y una pierna colocada sobre la otra balanceándola felizmente.

No hay duda. La vanidad de los hombres se sacia más fácilmente que la vanidad de las mujeres.

Apretar y soltar

Me resisto a conformarme con el placer que da la ausencia de dolor. Quiero más. No quiero ese placer que produce quitarse unas horquillas de un moño demasiado pesado.

Me paseo diariamente con una cartera azul de bandolera que pesa unos cuatro kilos. La arrastro durante horas de esquina a esquina de Madrid. Cuando llego a casa me oigo repetir la misma frase todos los días: «¡Qué gusto quitarse el carterón de encima!» Pero sería aún más maravilloso no llevarlo. Amor N.º 2 me ha llamado tres veces, culpable de no haber respondido a mis llamadas. Me he puesto contenta de que se acabaran mis paranoias. Pero no me interesa esa manera de estar contenta. Apretar y soltar me parece una manera masoquista de sentir. Sé que soy capaz de soltar, pero siempre está detrás el mismo enemigo. El miedo es un demonio que te encierra en una cárcel y se traga la llave.

MADRID

Verano

África

Rafaelito es el hijo de los porteros de la casa de mi hermana. Tenía trece años y nunca había salido de su pueblo de la provincia de Zaragoza. Rafaelito se llevaba muy bien con mi sobrina, y cuando mi hermana estaba metiendo las cosas en el coche para irse unos días a Cádiz, tuvo el impulso de invitar a Rafaelito a pasar esos días con ellos.

Rafaelito estaba muy callado durante todo el viaje, cuando llegaron a Zahara de los Atunes y abrieron la terraza de la casa, mi cuñado pronunció tres palabras y Rafaelito entró en shock.

—Mira, Rafaelito, eso es África.

—África —repitió él—, y le cayeron dos lagrimones.

Dos horas más tarde acompañaron a Rafaelito al aeropuerto y le metieron en el primer avión a Zaragoza.

Cajas vacías

Hay días que mi trabajo me deja la cabeza llena de cajas vacías. Un cliente me ha llamado para conseguir los permisos de utilización de una canción para un anuncio al precio que fuera con tal de lograrlos rápido. Tardé veinticuatro horas en hacer lo que normalmente se hace en nueve días. Pero les pareció caro el presupuesto y me pidieron alternativas de música. Tenía varias canciones de ese estilo y en lugar de pedirles los dos días de margen normales para realizar una búsqueda de ese tipo, esa misma mañana les envié un casete con ocho alternativas. Por la tarde me llamaron para decirme que sólo una les valía y que necesitaban escuchar más, además querían oír una reducción en treinta segundos de uno de los temas, el cliente tenía una convención, me pedían disculpas por la presión pero lo necesitaban todo para el día siguiente.

En dos días hice el trabajo de dos semanas. Cuanto más eficaz era yo, más insatisfacción les provocaba. Iban sacando las cosas de las cajas que les enviaba y las tiraban por la ventana.

He apagado la lámpara de la mesilla de noche, he cerrado los ojos y he visto montones de cartón agolpados en mi cabeza.

Arrepentirse

Los contenedores son los Reyes Magos de los pobres y a veces de los que no lo son tanto. Acabo de pasar por un contenedor en el que habían tirado ocho pupitres de madera. Era gracioso ver a la gente con un pupitre en la cabeza. Una señora ha dejado el suyo tirado a la vuelta de la esquina y una pareja hacía juegos malabares para meterlo en el coche. La gente estaba feliz con su pupitre gratis. Y yo con el mío. Lo he arrastrado por toda la calle y lo he subido los cinco pisos de las escaleras gigantes de mi casa. He tratado de colocarlo en el salón pero estorbaba. En mi habitación quedaba mal. Si lo ponía en el baño con revistas encima, no se abría la puerta de la ducha. Lo he sacado a la terraza y de ahí lo he vuelto a bajar al contenedor. No me ha importado el esfuerzo, es mejor eso que no llevármelo y acordarme después de lo que me gustaba ese pupitre que ocho personas se llevaron delante de mí.

Sordas

Conversación de tres mujeres hablando al mismo tiempo grabada en un bar de Madrid a la hora del aperitivo.

MUJER 1, 2 Y 3 *(al mismo tiempo)*

MUJER 1: De niña aborrecía las patatas bravas y ahora me encantan…

MUJER 2: A mí me pasa con el sol, antes era una lagartija y ahora el calor me pone la tensión fatal...

MUJER 3: Yo no duermo nada, y antes las diez horas no me las quitaba nadie…

MUJER 3, 2 Y 1 *(al mismo tiempo)*

MUJER 3: … y de no dormir se me levantan unas jaquecas… Voy a Gelocatil diario...

MUJER 2: … me han quitado la sal, es veneno para la tensión alta...

MUJER 1: … estas bravas son un vicio. Voy a andar con ojo que tengo unos ardores tremendos...

MUJER 2, 3 Y 1 *(al mismo tiempo)*

MUJER 2: … ¡Vaya calor!… Se me está haciendo tarde, que hoy los niños comen en casa… A ver si repetimos lo de hoy, que parece mentira lo cerca que vivimos...

MUJER 3: … ¡Qué jaqueca, oye!… Es con mi hermana que vive encima y tampoco la veo...

MUJER 1: … Me como la última... A mi hermano, el de San Sebastián, hace casi el año...

Eran tres mujeres disfrutando de sus monólogos, no esperaban respuestas y tampoco querían darlas. Tenían unos cincuenta años, jaquecas, ardores, la tensión alta y la amistad cansada.

Algo se mueve

Algo se mueve detrás de mí.

Me arrastra y me empuja hacia las calles por las que no quiero pasar.

Me obliga a pararme delante de un escaparate lleno de manos de pollo durante horas hasta que siento náuseas.

Insulta a la gente que quiero. Me insulta a mí.

Algo se mueve detrás de mí.

Compra todas las botellas de leche del supermercado. No me deja leche.

Saca su hueso y dice: «Aquí.» Yo voy.

Es mi diario.

El peor guerrero es el que no se ve.

Más máquinas

Durante la Segunda Guerra Mundial los suizos vendían a espaldas de los americanos armas a los alemanes; los americanos, que lo sabían, lanzaban bombas a los suizos para destruir sus fábricas y después pedían perdón como si hubiera sido un error de cálculo.

Si a un funcionario de embajada le ha sentado mal la fabada que se ha comido al mediodía, puede ser que te quedes sin visado para Estados Unidos, y si llegas antes de las 14.00 seguramente te lo extiende.

Si un juez ha discutido con su mujer, el acusado puede ir a la cárcel, y si un mecánico está de resaca un viernes se niega a cogerte el coche hasta el martes siguiente.

El ser humano no es serio. No estoy de acuerdo con la palabra deshumanización cuando se define una sociedad llena de robots y máquinas. Una máquina es objetiva, por lo tanto justa, por lo tanto más humana que el hombre.

Siempre que discuto con alguien sueño con la máquina del equilibrio. Se introducen todos los datos y la máquina formula el veredicto y cada uno asume su parte.

La reencarnación

Me gusta ver hormigas en Madrid. Llega el verano y en mi terraza se instala un hormiguero. Hace un rato me estaba cortando las uñas, las he dejado en un montoncito en el suelo y he visto algo muy curioso, una hormiga arrastrando mi uña para meterla en el hormiguero. Me ha parecido una reencarnación de mujer a hormiga. Con los días la materia de la uña se transformará en alimento de hormiga, en parte de un nido o pared de hormiguero.

Ya hay algo de mi materia metida bajo tierra.

Cinco mil millones de mundos

En estos dos días que he pasado en la playa me gustaba mirar a las parejas e intentar adivinar cómo eran sus relaciones, si los niños eran de ese matrimonio o de su primera pareja y si aún tendrían sexo.

Un biólogo se fijaría en el tipo de algas que hay en la playa y sabría las corrientes del mar, y deduciría el nivel de contaminación del agua por el tipo de conchas y moluscos de la orilla.

Un publicitario se fijaría en la marca comercial que domina en las sombrillas del chiringuito y pensaría que para el año que viene sería buena idea que su cliente de helados esponsorizara una competición de windsurf.

Un antropólogo se fijaría en el cráneo dolicocéfalo de los niños nórdicos que corretean y hacen pozos.

Un arquitecto intentaría no mirar demasiado el feo edificio con cristaleras años setenta y trataría de imaginar cómo encaja su proyecto de urbanización de playa.

Lo que se ve es una playa con edificios, mar azul y un chiringuito. Pero hay cinco mil millones de versiones de lo mismo. Un mundo para cada habitante de la tierra.

Democracia

Si el biólogo, el publicitario, el antropólogo, el arquitecto y yo misma estuviésemos siendo pequeños en esa misma playa, tendríamos algo en común: los ojos de nuestra madre clavados en el color de nuestro traje de baño.

Hay cinco mil millones de mundos y una sola madre para todos.

Las madres son la democracia en el estado más puro.

La luna es más bonita desde que uso mi talla

Estoy aprendiendo a llevar una existencia un poco más cómoda y relajada. Y no es que sea excesivamente nerviosa, pero respirar me ha parecido muchas veces una tortura y la explicación es tan metafísica como llevar una talla de ropa demasiado pequeña.

Veo fotografías de cuando tenía veinte años, en el concierto memorable de los Rolling en el ochenta y dos, fiestas, bodas, comuniones, premios por mi trabajo, bautizos, y en todas tengo cara verde, cara de no respirar bien.

Es difícil mirar las montañitas de una luna de verano cuando se tiene el botón del pantalón tatuándote el estómago.

Ayer hubo luna llena y me quedé mucho tiempo mirándola.

Cita a ciegas

CHICA: Muchas veces sueño que vuelo. Junto las manos como si fuese a rezar, flexiono las rodillas, y despego. Vuelo como si nadase a braza al ras de los árboles.

CHICO: Yo con diseñar paneles de control para jumbos ya hago mi aportación al mundo de la aviación.

CHICA: Me encanta tu trabajo, yo no podría ser otra cosa que bailarina, pero siempre pienso que cualquiera hace por el mundo más que yo. También me hubiera gustado ser médico, cirujano o algo así. Leo muchos libros de medicina.

CHICO: Estarías guapa con una bata blanca, ahora que no sé si esas manos tan pequeñitas serían lo suficientemente fuertes como para abrir corazones.

CHICA: ¿Tan delicada te parezco?... Me lo tomaré como un cumplido.

CHICO: Sí, tómatelo así. Me quedé enganchado en los libros de caballerías y en las chicas que puedes levantar por la cintura y subirlas a un caballo.

CHICA: Dices cosas tan bonitas... Perdóname un segundo, es que me meo.

Ella trataba de seducirle y él se dejaba seducir. De poco le han servido su cuerpo de bailarina, sus libros de medicina y sus manos tan bonitas. Las tres últimas palabras que ha pronunciado han hecho saltar su imagen por los aires. Él quiere huir del cuerpo de esa mujer, y por esta noche del de cualquier otra .

CHICO: Vámonos. Tienes cara de frío, te voy a llevar a casa.

CHICA: ¿Ya?... ¿No tomamos una copa?... Bueno, no sé. Pensaba que nos quedaríamos un rato.

CHICO: Vámonos.

PAREJAS

Mi hermana y mi sobrina se metieron ayer juntas en el cuarto de baño con un Predictor. La niña iba retransmitiendo la jugada como si fuese un gol: «¡Mamiii, raayaa, raayaaa, rayaaaa!» Después de nueve años el Predictor volvió a decir sí.

Mi sobrina se moría de ganas de tener un hermano, cuando era más pequeña presentaba a su oso preferido como su hermano Curro; todos le decíamos que tenía un hermano muy peludo y ella hacía como que no nos oía pero se reía.

Mi hermana le ha explicado que hasta que la tripa no esté gordita el bebé no estará bien agarrado. La niña se ha pasado todo el día detrás de su madre dándole consejos de psicóloga: «Mamá, si piensas muy fuerte que el bebé se agarre, se va a agarrar, piénsalo muy fuerte.»

Mi hermana y mi sobrina forman una curiosa pareja esperando la llegada de su hijo.

Secretos

Pierdo el tiempo pensando cómo las cosas pueden ser más interesantes de lo que son.

Por ejemplo, cuando uno estuviera a punto de morir debería recibir una carta con los grandes secretos de la historia desvelados. Cada uno solicitaría al gobierno del mundo los secretos mas interesantes. A mí me gustaría saber cómo murió Marilyn Monroe, si es verdad que durante los años cuarenta los americanos congelaron alienígenas, y quiénes fueron los asesinos de los marqueses de Urquijo, entre otros secretos.

Los secretos hacen grande a quien los guarda. En los juicios, los acusados tienen una actitud de autosuficiencia cuando en realidad tendrían que sentirse pequeños y culpables, lo que les da ese poder es la información que todos quieren y sólo ellos tienen.

Llevo un tiempo haciendo acopio de secretos, ya tengo unos cuantos. Y me siento un poco más importante que cuando no los tenía.

Asilvestrados

Mi hermano pequeño y yo éramos los dos que quedábamos solteros e íbamos sin pareja a las reuniones familiares. Él, desde que tiene mujer, está más unido al resto del clan estable.

Anoche cené con mis tres hermanos, mis dos cuñadas y mi cuñado. Trataba de imaginar a Amor N.º 2 sentado a mi lado y me parecía como un dibujo de *Roger Rabbit.* Al final de la cena se repartió la cuenta entre tres partes y la mía la pagaron entre todos. Una ventaja.

Cuando vives asilvestrado ningún hermano se queda a dormir en tu casa cuando pasan por Madrid, elige la casa de los hermanos domesticados. Y en Navidad te toca dormir con un sobrino o en la habitación de la plancha. Un inconveniente.

La hermana asilvestrada hace de memoria de otro tiempo, porque la manera de vivir les recuerda a la de una adolescente, y cuando te ven siempre te sueltan algún «¿Te acuerdas cuando mamá esto o cuando papá esto otro?». Sus vidas son muy diferentes ahora que son más padres que hermanos. La hermana asilvestrada les trae un poco de lechería, Mazinger Z y patines.

La falda plisada

Como «telegrama» y «taquigrafía», «falda plisada» es un término de antes. Falda plisada guarda en sus pliegues cosas de los años setenta, igual que para mí la palabra «compromiso» guarda en sus pliegues muchos misterios. Las primeras veces que me fijé en ella de una manera especial la repetía una y otra vez para descifrar su significado pero no había manera de descubrirlo. Como nunca me había comprometido con nada, era lógico que aunque entendiera la definición no comprendiera bien su significado.

El novio de *la chica de piernas de trenza de india* ha comprendido el significado de la palabra «renuncia». Llevaban un mes separados y ayer la llamó a las doce de la noche para relatarle su descubrimiento y lo que ese hallazgo podía ayudar a que su relación se estabilizara de una vez.

Recuerdo muy bien el día que la palabra «envidia» se me presentó. Estaba en Nueva York y recibí una llamada de Amor N.º 7. Vivía con su nueva novia en Holanda, llevábamos años separados y nos utilizábamos uno al otro de confidentes, algo que ahora me parece totalmente estúpido. Él, en medio de una conversación intrascendente, me soltó la siguiente frase: «No me reconocerías, llevo dos años durmiendo con ella todos los días y siéndole fiel.» Colgué el teléfono, me tumbé en la cama intentando descubrir qué era ese líquido espeso y caliente que se paseaba por mi cuerpo. Era la palabra «envidia». Ahora en el pliegue de la falda que lleva puesta la palabra «envidia» está la cara de la chica por la que Amor N.º 7 fue fiel. Por la que renunció a otras mujeres.

Cosas encontradas en el fondo de un estanque

Hoy por la mañana los bomberos de la Comunidad de Madrid han limpiado el estanque del Retiro. «¿Qué cosas aparecen en el fondo del estanque?», les han preguntado en la radio. El bombero relataba la lista con total normalidad: vespinos, cajas fuertes reventadas, bicicletas, imágenes religiosas, imágenes de vudú con alfileres clavados, zapatos... «¿Y qué es lo más raro que te has encontrado?» «Un traje de novia.»

Los invitados van llegando. La novia espera a la vuelta de la esquina agarrada a su padre. Son las 12.30, y en la invitación está escrito en letra inglesa *«La ceremonia religiosa tendrá lugar a las 12.00»*. Son la 12.55 y la novia ve cómo el hermano del novio se acerca a ella con la cara pálida de vergüenza. La novia se desengancha de su padre y para un taxi: «Al Retiro, por favor.» Ningún invitado la ha visto vestida de novia.

Las carpas del estanque se alimentan de encaje de seda salvaje.

Las dueñas del balón

Después de siete días en el hospital y noventa y siete años en el mundo mi abuela se ha muerto. Cada día he ido un rato de visita al hospital y siempre me he encontrado la habitación llena de mujeres. Los hombres esperaban fuera, asustados y preocupados, mientras mi madre y sus hermanas cogían la mano de su madre que desfilaba hacia no sé muy bien dónde. Las mujeres le quitaban el sudor, le ponían la máscara de oxígeno, tocaban la muerte con toda naturalidad. Las mujeres dan la bienvenida desde el parto y despiden en la agonía. Estos días mientras veía a mi madre y a sus hermanas luchar por su madre he entendido el temor de los hombres ante esa fuerza escondida y misteriosa que las mujeres guardan debajo de sus vestidos de flores.

Las mujeres son las jefas de la vida.

Un cuento

PRIMERA PARTE

Instrucciones para saber si un ángel duerme

Capítulo primero

A las siete de la mañana Cecilia Mickleburgh y su gramo de cocaína hirviendo entre sus cejas volvían a casa. Cecilia se había pasado la noche entera sacando la tripa grotescamente para revelarse contra el mundo y contra los ojos de su novio, que no se movían del ombligo tatuado de la pelirroja de vientre plano. Cecilia tiene madre chilena y padre irlandés. Y se cree mucho más inteligente que cualquiera de los siete novios que ha tenido. Cecilia se fue de la fiesta y dejó a su novio con un bonito eslogan: «Cara de queso gruyère, no tienes dos dedos de frente.»

«Esta noche voy a cometer un asesinato.» Escribió esta frase en un papel de «Vendo buhardilla en el centro» que arrancó de un buzón. En el baño de un *after hours* Cecilia cambió el asesinato por un suicidio; salió a la calle, esperó que pasase el primer hombre y se lo subió a su casa.

Capítulo segundo

El chico que encontró tenía aspecto de *homeless,* con barba larga incluida. A la mañana siguiente el *homeless* corrió al cruce de la Castellana con la plaza de Neptuno y robó para Cecilia unos tulipanes. Se los dejó con una carta a los pies de su cama y un ejemplar de *Los subterráneos* de Kerouac. A los pocos días Cecilia le buscó por las calles, le encontró y le invitó a una lasaña. El *homeless*, que se comía por separado el relleno de las láminas de pasta, volvió a pasar la noche en su casa. Mientras Cecilia dormía, el *homeless* rellenó un cuaderno para ella. Lo tituló: *Instrucciones para saber si un ángel duerme.* Había ocho dibujos de Cecilia durmiendo. La dibujó desde las doce a las ocho de la mañana. Y volvió a irse.

Cecilia volvió a buscarle. Le encontró y le invitó a quedarse unos días con ella. Cecilia movía continuamente los muebles de su casa, se inventaba tareas para no parar quieta. El *homeless* le quitaba de la mano el *spray* de limpiar cristales para que no trabajara tanto y le acariciaba la tripa con movimientos circulares hasta que se quedaba dormida.

Capítulo tercero

El *homeless* llevaba un mes en la casa de Cecilia, era incontrolable pero la quería como un caballero, como los hombres de las películas. El *homeless* salía de casa y Cecilia siempre pensaba que no volvería. Pero él volvía con historias bonitas para ella. Ponían música y bailaban y hacían *crêpes* con mermelada. Hasta que una camisa blanca lo cambió todo.

Cecilia le compró una camisa blanca muy elegante, y estaba empeñada en que él se la pusiera. Empezaron las peleas: «Si te gustase de verdad harías eso por mí, te pondrías la camisa blanca.» El *homeless* entraba en pánico ante la idea.

Una noche Cecilia se sentó en la taza del váter, se acurrucó en una manta y se puso a llorar. El *homeless* empezó a silbar. Entró en el baño, se afeitó, se cortó el pelo y se puso la camisa blanca.

Capítulo cuarto

El *homeless* y Cecilia Mickleburgh se casaron después de un año. Él tenía cinco camisas y comía lasaña con toda soltura. Se acabaron los tulipanes, *Los subterráneos*, los dibujos de Cecilia durmiendo, las caricias circulares en la tripa. Ahora tenía el aspecto de un caballero, pero la quería como un *homeless*. Con un amor roto y sin raíces.

Una noche después de ver un documental de lagartijas, Cecilia se puso una chilaba que compró en Marraquech, firmó un documento donde le cedía su casa, y se marchó.

Un cuento

SEGUNDA PARTE

El conocimiento tiene forma de mosquito

Capítulo primero

Cecilia Mickleburgh aterrizó en Kingston y una manada de gallinas le dio la bienvenida desde la pista de aterrizaje.

Por la cuneta de una estrechísima carretera se paseaban mujeres con vestidos blancos y rulos rosas; era sábado y mañana domingo de baile.

La cabaña que alquiló Cecilia tenía un cucurucho trenzado de paja de barquillo, el hombre que se la alquiló tenía en su pequeño cuartucho-oficina un santuario a Bob Marley muy parecido al que tenía el portero de su casa de Madrid dedicado a la Virgen de la Macarena.

Capítulo segundo

Cecilia desplegó el mapa de Jamaica que le habían prestado. En el margen superior derecho había unas palabras escritas a mano y rodeadas con un círculo de rotulador rojo: «*Ganja cake.*» Le sonó a la estatua de la libertad cuando se visita Manhattan por primera vez. Cortó la esquina del mapa con la anotación, recogió a su vecino de cabaña y le invitó a su primer recorrido turístico.

A las diez de la noche Cecilia y su vecino australiano tenían buena música, un gigantesco cuadro de un mar de verdad alumbrado por velas y un pastel de mariguana.

A las doce Cecilia Mickleburgh dejó de existir.

Capítulo tercero

Primero Cecilia pasó por un desfiladero de minerales, sintió claramente que estaba reviviendo el origen de su especie. De aquí pasó a ser una célula en peligro, las neuronas pedían una ambulancia para salir de la sobredosis, la sangre corría demasiado rápido por su cuerpo. De célula fue pasando a persona e hizo un fugaz viaje a España y se metió dentro de la tripa de una amiga embarazada. Comprobó que el feto estaba en perfecto estado. Los ruidos del aire acondicionado se transformaron en la voz del diablo. El bien por un lado y el mal por el otro hicieron que Cecilia saltara por los aires en mil trocitos. Habrían pasado doce horas de viaje aterrador cuando un mosquito con cabeza humana llegó con instrucciones: «Métete en una bola de acero, vas a pasar situaciones difíciles, pero piensa que eres buena y sobre todo no salgas de la bola.» Poco a poco, Cecilia iba recobrando sentidos, escuchó al australiano decir en voz alta: «Corta, raya, caliente», y ella traducía telepáticamente: «Tengo tanto miedo como tú.» Cecilia iba y venía del otro lado a éste. Metió sus manos por debajo del cuerpo y vio que estaba suspendida unos diez centímetros por encima de la cama.

La lucha contra el pastel de mariguana con extra de setas alucinógenas duró dos días.

Capítulo cuarto

El australiano se fue sin despedirse, debió de salir muy rápido porque encima de su cama se quedaron unas zapatillas, una camiseta de INXS y una linterna.

Jamaica despertó con mucho viento y a Cecilia le pareció un huracán. La experiencia de los días anteriores le hacía ver la isla con un fondo oscuro y peligroso. Los rastas le hacían sentirse fea y pequeña. De perfil parecía que las enormes trenzas metidas en sus gigantescos gorros estaban al otro lado, al lado de la mariguana, y el resto del cuerpo estaba en éste. Cecilia comía pescado y durante unos minutos se quedaba embobada mirando el ojo frito del pez. Un minuto era para ella de septiembre a septiembre.

Capítulo quinto

Cecilia no sabía muy bien cuánto tiempo había pasado desde que llegó a la isla. Pero en la foto del pasaporte que se hizo antes de llegar a Jamaica no tenía canas. Se sentía rota y cansada, estaba harta de aventuras. La normalidad le parecía el estado más fascinante que un ser humano podía alcanzar.

Haciendo autostop hacia las montañas azules conoció a un hombre que le resultaba interesante por lo poco interesante que le parecía. Llevaba en el coche música de los Beatles y un libro de la Segunda Guerra Mundial. El hombre tenía unas manos enormes que ajustaron con precisión el cinturón de seguridad de Cecilia. Hacía tiempo que no se sentía tan tranquila. Se desabrochó los cordones de las botas, reclinó el asiento y se quedó dormida.

Cecilia acababa de conocer a quien sería su marido. Era *el hombre del jersey de pico.* Era N.º 1.

El diario de Cecilia Mickleburgh

Querido diario:

Hace un año y medio que no escribo.

Hace un año y medio que me fui de viaje y haciendo autostop hacia las montañas azules conocí al *hombre del jersey de pico,* Amor N.º 1. Es maravilloso, más de lo que nunca pude imaginar. Tan perfecto como las casas que construye. Acabo de hacer pavo con puré de manzana, he aprendido a cocinar. Y he encendido el ordenador por primera vez. Escribo mientras pienso y no sé muy bien qué pongo. Me he acercado a la cuna de nuestra hija Cecilia. Una cuna preciosa diseñada por él, parece una nuez gigante. Voy a separarme.

Acabo de redactar una decisión antes de haberla tomado. Voy a sacar a Cecilia de su preciosa cuna nuez y me voy a marchar por la puerta. Amor N.º 1 no se merece esto. Pero voy a dejarle. Vuelvo a casa. Vuelvo a escribir.

La mujer que tenía un incendio en la cabeza

Son las doce de la mañana del domingo y he bajado a desayunar a la calle. Estoy impresionada. Llevo más de dos horas sin enredarme en ningún tipo de pensamiento ni recuerdo molesto. No pienso. Tengo una carretera de Arizona en la cabeza. Recuerdo el tiempo en Nueva York y ahora entiendo mejor qué hacía ahí: una hoguera con lo malo de la adolescencia y lo peor de la juventud. Mis pesadillas se quemaron entre extraños. Cuando pienso en esa ciudad se me encoge el corazón como si me hablasen de un muerto.

He subido a casa y me he puesto a escribir. Estaba concentrada en la pantalla del ordenador cuando por un segundo lo he entendido todo. El entendimiento racional ha durado muy poco, pero aún tengo la sensación. Como el gambito de un jugador de ajedrez.

Ella ha vuelto a casa y juntas hemos saltado por encima de las cosas. Da lo mismo lo que haya por debajo con tal de que permanezcamos unidas.

La mujer que tenía un incendio en la cabeza soy yo.

Llega

Después de muchos meses juntos, Amor N.º 2, *el chico que es bueno eligiendo perros,* ha ido a la perrera y me ha traído uno. Es muy grande, con pelos blancos y negros, largos como espaguetis. Tiene un año y le llamaban *Atila*, así que seguiré llamándole así.

Amor N.º 2 recitaba una y otra vez su oración para convencerme y convencerse de que nuestro amor no es nada serio: «No sé si ha sido buena idea traerte un perro, cuando me vaya será aún más triste despediros a los dos, no sé si ha sido buena idea.»

Yo estaba en la terraza, como tantas veces haciéndome la distraída.

Atila saltaba a su lado y oía a Amor N.º 2 decirle: «*Atila*, ¿tú qué quieres, que me quede o que me vaya? ¿Eh, perrito?»

Tengo un perro, no se puede pedir más.

La soledad

La soledad es lo que viene detrás de este capítulo.

ÍNDICE

MADRID - TARIFA - CÁDIZ
Primavera

MADRID
Verano

MADRID
Verano

MADRID
Invierno

LONDRES
Invierno

MADRID
Primavera

MADRID
Verano

ALMERÍA
Verano

MADRID
Verano

Cuando junta sus manos a Dios todo le parece bien.

Extraído de *La voz de lila*,
de CHIMO.

No todos los chicos quieren ser soldados.

Extraído de *De jardines ajenos*,
de ADOLFO BIOY CASARES.

El conocimiento tiene forma de mosquito.

Extraído de *Una realidad aparte*,
de CARLOS CASTANEDA.

ESTE LIBRO HA SIDO IMPRESO
EN LOS TALLERES DE
LIMPERGRAF
MOGODA, 29
BARBERÀ DEL VALLÈS (BARCELONA)